भारत-वर्ष योग दर्शन में प्राणायाम

सम्पूर्ण विश्व में श्रीमद् भगवद् गीता के बाद प्राणायाम पर सबसे प्रामाणिक योग-शास्त्र

स्वामि बालेंदु गिरि

लेखक - दिगम्बर प्रताप गिरि

योगिनी सरिता राणा

notionpress.com

INDIA • SINGAPORE • MALAYSIA

ISBN
Paperback 979-8-90479-812-3
Hardcase 979-8-90560-591-8

परम पूज्य गुरुजी परमहंस परिव्राजक

स्वामि बालेंदु गिरि जी महाराज -

कैलाश आश्रम- ऋषिकेश (उत्तराखंड)

नागा दिगम्बर प्रताप गिरि - योग-दर्शनाचार्य

(योग दर्शन में विश्व का भविष्य)

स्वामि प्रताप गिरि जी महाराज निरंजनी अखाड़ा औंकारी मढ़ी हरिद्वार (उत्तराखंड)

पूर्व नाम परम निर्मोही - 18 साल की आयु से स्वामि बालेंदु गिरि जी के सानिध्य में

शिक्षा:- बी.एस.सी. इकोनॉमिक्स (लंदन से) - एम.एस.सी. इकोनॉमिक्स (ग्लासगो यूनिवर्सिटी- स्कॉटलैंड से)

प्रेरणा-स्रोत

शक्तिपीठ चंद्रबदनी में स्थित प्रकृति रूपी देवी को प्रणाम- जो तुरंत ज्ञान प्रदान करने की शक्ति रखती हैं

माता चन्द्रबदनी मंदिर- नैखरी -पुजार गाँव - टिहरी गढ़वाल

प्रेरणा-स्रोत

उत्तर-वाहिनी भागीरथि - गंगा जी के किनारे स्तिथ - कोटेश्वर महादेव

पता:- ग्राम जखौली- पट्टी क्वीली- चाका- टिहरी गढ़वाल

स्वामि बालेंदु गिरि जी - पूर्व नाम बालमुकुंद जी महाराज - बाल अवस्था से परिव्राजक साधु - रामाश्रम लाइब्रेरी- मुनि की रेती ऋषिकेश में लाइब्रेरियन रहे - टिहरी गढ़वाल- क्वीली पट्टी में कोटेश्वर महादेव मंदिर एवं चन्द्रकूट पर्वत पर स्थित माता चन्द्रबदनी मंदिर के निर्माण-कर्ता।

अगर हम इन नीचे दिये ग्रंथों को नहीं मानते हैं तो योग कहा से लाये। मुझे इस कार्य में 60 वर्ष लग गए है। पैसे कमाने वालों ने इतना उलझा दिया कि - समझ से बाहर कर दिया।

- परमहंस परिव्राजक स्वामि बालेंदु गिरि जी महाराज

1 - श्रीमद्भगवद्गीता

2 - योगवशिष्ठ महारामायण

3 - श्री ज्ञानेश्वरी गुढार्थ दीपिका

4 - पातञ्जल योग दर्शन

5 - शिव संहिता

6 - हठयोग प्रदीपिका

7 - गोरक्ष संहिता

8 - घेरण्ड संहिता

9 - शिव महापुराण

10 - श्रीमद् भागवत महापुराण

11 - कूर्म महापुराण

12 - अग्नि महापुराण

13 - श्री लिंग महापुराण

14 - श्री मार्कण्डेय महापुराण

15 - श्री विष्णु महापुराण

16 - श्री ब्रह्म महापुराण

17 - यजुर्वेद की त्रिशिखिब्राह्मणोपनिषद

18 - यजुर्वेद की ब्रह्मविद्योपनिषद

19 - यजुर्वेद की अमृतनादोपनिषद

20 - यजुर्वेद की योगतत्त्वोपनिषद

21 - अथर्वेद की शाण्डिल्योपनिषद

22 - अथर्वेद की प्रश्नोपनिषद

23 - सामवेद की जाबालदर्शनोपनिषद

24 - यजुर्वेद की ध्यानबिंदुपनिषद

25 - सामवेद की योगचूड़ामण्युपनिषद

26 - यजुर्वेद की मंडलब्राह्मणोपनिषद

27 - यजुर्वेद की योगशिखोपनिषद

वेदों और शास्त्रों में बताया गया प्राणायाम ही विधिवत प्राणायाम है

विधिवत प्राणायाम

1) प्राणायामेन युक्तेन सर्वरोगक्षयो भवेत्।।116।। - (सामवेद की योगचुड़ामण्युपनिषद)

2) प्राणायामेन युक्तेन सर्वरोगक्षयो भवेत्।।18।। - (गोरक्ष संहिता)

3) प्राणायामादियुक्तेन सर्वरोगक्षयो भवेत्।।16।। - (हठयोग प्रदीपिका)

ऊपर का आधा श्लोक यह कहता है कि यदि साधक प्राणायाम को वेदों के कहे अनुसार करता है अर्थात युक्ति-युक्त करता है तो वह सभी प्रकार के (मानसिक व शारीरिक) रोगों से मुक्ति पाता है।

प्रातः स्मरणीय श्री नरेंद्र दामोदर दास मोदी जी

धन्यवाद एवं साधुवाद के पात्र हैं मोदी बाबा

अंतर्राष्ट्रीय योग दिवस के प्रवर्तक पुरुष

।। माननीय प्रधानमंत्री जी।। भारत सरकार ।।

श्रीवर्धन जी - राजस्थान के आर-एस-एस (राष्ट्रीय स्वयंसेवक संघ) के प्रचारक-प्रमुख और अखिल भारतीय योग टोली के प्रमुख

श्रीवर्धन जी - केन्द्रीय योग टोली मे योग प्रमुख सम्पूर्ण भारत मे प्राणायाम मे महारथ हासिल - नाड़ीशोधन का अभ्यास करते हुए

योगाचार्य - योशिको यामासाका - फुकोका - जापान

योशिको यामासका पिछले 14 वर्षों से जापान में वैदिक योग का प्रशिक्षण करवा रही हैं। आसनों और षट्कर्मों में महारथ-प्राप्त हैं। पूरे जापान में नाड़ीशोधन एवं सहित कुम्भक प्राणायाम का भी प्रचार प्रसार करने में अग्रिम भूमिका निभा रही हैं।

परिव्राजक धर्म का पालन करते हुए- स्वामि बालेंदु गिरि जी ने 1960 के दशक से- सैद्धांतिक एवं प्रायोगिक रूप से योग पर गहन शोध किया एवं हज़ारों-लाखों बच्चों को मुफ्त में योग सिखाया हैं। स्वामि बालेंदु गिरि जी चाहते है कि वेदों द्वारा खोजित एवं शास्त्रों द्वारा शोधित - योग का सच्चा स्वरुप भारत के स्कूली पाठ्यक्रम में छठी कक्षा से लागू हो जाये। फिर भारत को विश्व-सम्राट एवं विश्व-गुरु बनने से कोई नहीं रोक पायेगा।

Contents

प्रार्थना

प्रार्थना

सर्ग कर्ता अकाराख्य उकाराख्यस्तु पालकः।

मकाराख्यस्तु यो नित्यं अनुग्रह करो भवः।।

सृष्टिकर्ता ब्रह्मा को ही अकार कहते हैं, पालनकर्ता विष्णु को ही उकार कहते हैं, नित्य अनुग्रह-कर्ता शिव का नाम ही मकार है। इस प्रकार ॐ शब्द की व्याख्या की गयी है।

- अध्यात्म मुक्तावली

गुरु का महत्त्व

दुर्लभो विषय त्यागो दुर्लभं तत्त्व दर्शनम्।

दुर्लभा सहजावस्था सद्गुरोः करुणां विना।।

सद्गुरु की कृपा के बिना विषय त्याग, तत्त्व दर्शन और सहजावस्था लाभ करना दुर्लभ है।

- महोपनिषद्, 4-77 - वराहोपनिषद, 2-76

योगी का महत्त्व

तपस्विभ्योऽधिको योगी ज्ञानिभ्योऽपि मतोऽधिकः।

कर्मिभ्यश्चाधिको योगी तस्माद्योगी भवार्जुन।।

योगी तपस्वियों से श्रेष्ठ है, शास्त्रज्ञानियों से भी श्रेष्ठ माना गया है और सकाम कर्म करने वालों से भी योगी श्रेष्ठ है। इससे हे अर्जुन! तुम योगी हो।

- गीता - 6-46

ज्ञानी का महत्त्व

निर्मानमोहा जितसङ्गदोषा अध्यात्मनित्या विनिवृत्तकामाः।

द्वन्द्वैर्विमुक्ताः सुखदुःखसंज्ञैर्गच्छन्त्यमूढ़ाः पदमव्ययं तत्।।

जिसका मान और मोह नष्ट हो गया है, जिन्होंने आसक्तिरूप दोष को जीत लिया है, जिनकी परमात्मा के स्वरुप में नित्य स्थिति है और जिनकी कामनाएँ पूर्णरूप से नष्ट हो गयी हैं - वे सुख-दुःख नामक द्वंदों से विमुक्त ज्ञानीजन उस अविनाशी परमपद को प्राप्त होते हैं

- गीता - 15-5

प्राणायाम किसे कहते हैं?

वैदिक ऋषि-मुनियों ने इस प्रश्न का उत्तर अपने-अपने अनुभव से एक जैसा बताया है। प्राण और अपान से बनता है प्राणायाम। उपनिषदों और पुराणों द्वारा प्राणायाम की प्रामाणिक परिभाषा जानने के लिए पढ़े।

अथर्ववेद की शाण्डिल्योपनिषद् में प्राणायाम

प्राण तथा अपान का संयोग होना ही प्राणायाम है।

यह "सहित कुम्भक" प्राणायाम है।

अथर्ववेद की शाण्डिल्योपनिषद् अध्याय - 1

खण्ड -षष्ठ (6) - श्लोक - 1

प्राणापानसमायोगः प्राणायामो भवति।। 1।।

हिन्दी अर्थः- प्राण तथा अपान का संयोग कर देना ही प्राणायाम है।

शुक्ल यजुर्वेद की मण्डल ब्राह्मणोपनिषद् में प्राणायाम

प्राण, अपान को एक करना प्राणायाम कहलाता है।

यह "सहित कुम्भक" प्राणायाम है।

शुक्ल यजुर्वेद की मण्डल ब्राह्मणोपनिषद्

खण्ड- 2 में श्लोक - 2

प्राणापानयोरैक्यं कृत्वा धृतकुम्भो।। 2।।

हिन्दी अर्थः- कुम्भक (सहित) धारण करके प्राण, अपान को एक करो। नोटः- प्राण, अपान को एक करना ही प्राणायाम है।

कृष्ण यजुर्वेद की श्वेताश्वतरोपनिषद् में प्राणायाम (शांकर भाष्य)

प्राण तथा अपान का संयोग होना ही प्राणायाम है।

यह "सहित कुम्भक" प्राणायाम है।

कृष्ण यजुर्वेद की श्वेताश्वतरोपनिषद्

अध्याय - 2 - श्लोक नं. 8

प्राणायामं ततः कुर्याद्रेचपूरककुम्भकैः।

प्राणापानसमायोगः प्राणायामः प्रकीर्तितः।।

हिन्दी अर्थः- इसके पश्चात् रेचक, पूरक और कुम्भक क्रम से प्राणायाम करें। प्राण और अपान का संयोग होना ही प्राणायाम कहलाता है।

उपरिलिखित तीनों उपनिषदों में प्राणायाम एक जैसा ही बताया है - प्राण वायु और अपान वायु को संयुक्त करना अथवा मिलाना ही प्राणायाम है। यह "सहित कुम्भक" प्राणायाम है।

योगशिखोपनिषद् में प्राणायाम

प्राण, अपान को समान करना - योग का चौथा सोपान - प्राणायाम है। यह "सहित कुम्भक" प्राणायाम है।

प्राणापानसमायोगो ज्ञेयं योगचतुष्टयम्। - योगशिखोपनिषद्

हिन्दी अर्थः- प्राण और अपान समान करना योगचतुष्टय कहा गया है।

प्राण, अपान को समान करना ही योग चतुष्टय यानि योग का चौथा सोपान प्राणायाम कहा गया है - योगशिखोपनिषद्

सामवेद की योगचुड़ामण्युपनिषद् में प्राणायाम

अपान, प्राण को एक में मिलाना या प्राण, अपान को संयुक्त करना, पहले स्तर का प्राणायाम है। इसको वैदिक भाषा में या योग की भाषा में "सहित कुम्भक" कहा जाता है।

अपान-प्राण एक करने की विधि: श्लोक - 46-47-

पार्ष्णियातेन संपीडय योनिमाकुन्चयेद्दृढम्। अपानमूर्ध्वमाकृष्य मूबन्धो विधीयते।। 46।।

अपानप्राणयोरैक्यं क्षयान्मूत्रपुरीषयोः। युवा भवति वृद्धोऽपि सततं मूलबंधनात्।। 47।।

हिन्दी अर्थ:- ऐडी से दबाव डालकर योनि (सीवन) स्थान को पीड़ित करते हुए दृढ़तापूर्वक संकुचित करें, अपान वायु को ऊपर की ओर खींचने की इस प्रक्रिया को मूलबंध कहा जाता है। इस प्रकार प्राण और अपान को एक में मिलाया जाता है, इससे मल-मूत्र कम हो जाता है। इस प्रकार मूलबन्ध का अभ्यास करने से वृद्ध भी युवा हो जाता है।। 46-47 ।।

योगियाज्ञवल्क्य में प्राणायाम

योगियाज्ञवल्क्य (6 - 2)

प्राणापानसमायोगः प्राणायाम इतिरितः

प्राणायाम इति प्रोक्तो रेचक पूरक कुम्भकः

हिंदी अर्थ:- प्राण, अपान को समान करना ही प्राणायाम है। प्राणायाम में पहले रेचक - फिर पूरक - फिर कुम्भक लगाया जाता है। (यह सहित कुम्भक प्राणायाम कहलाता है)

ध्यान बिन्दुपनिषद में प्राणायाम

“कुम्भक द्‌वारा प्राण वायु को रोकना”

कृष्ण यजुर्वेद - ध्यान बिन्दुपनिषद - श्लोक - 70

पद्मासनस्थिती योगी नाडीद्‌वारेषु पूरयन्। मारूतं कुम्भयन्यस्तु स मुक्तो नात्र संशयः।।70।।

हिन्दी अर्थः- जो योगसाधक पद्मासन में बैठकर नाड़ी द्‌वार से प्राणवायु को खींचकर, कुम्भक द्‌वारा उसे रोकता है, वह सुनिश्चित रूप से मोक्ष प्राप्त करता है, इसमें संदेश की गुंजाइश नहीं। केवल कुम्भक ही प्राणायाम है।

मार्कण्डेय महापुराण में प्राणायाम

जिसके द्‌वारा पञ्च प्राण संयत होते हैं उसी को प्राणायाम कहते है।

यह “सहित कुम्भक” प्राणायाम है।

मार्कण्डेय महापुराण (योगनिरूपण)

अध्याय 36 (36) श्लोक 40 (40)

प्राणानामुपसंरोधात्प्राणायाम इति स्मृतः।।40।।

हिन्दी अर्थः- जिसके द्‌वारा पञ्च प्राण संयत होते हैं, उसी को प्राणायाम कहते है।

श्री अग्नि महापुराण में प्राणायाम

प्राण वायु हमारे शरीर में उत्पन्न होती है। यह वायु पाँच वायु (प्राण, अपान, ब्यान, समान, उदान) में विभक्त हो जाती है। इनको रोकने को ही प्राणायाम कहते है। यह “सहित कुम्भक” प्राणायाम है।

श्री अग्नि महापुराण - अध्याय - 373 में

“सहित कुम्भक” प्राणायाम - श्लोक - नं. 6

प्राणः स्वदेहजो वायुस्तस्यायामो निरोधनम्।।6।।

हिन्दी अर्थ भाव सहितः- शरीर के भीतर रहने वाली वायु को प्राण कहते है। उसके रोकने को आयाम कहते है। इस तरह प्राण वायु को रोकने को प्राणायाम कहते है।।6।।

कुर्म पुराण में प्राणायाम

अपनी देह से उत्पन्न प्राण वायु का निरोध करना ही प्राणायाम है।

यह “सहित कुम्भक” प्राणायाम है।

कुर्म पुराण - उपरिविभाग (ईश्वर गीता)

अध्याय - 11 - श्लोक - 30

प्रोक्ताः प्राणायामं निबोधत।

प्राणः स्वदेहजो वायुरायामस्तन्निरोधनम्।।30।।

हिन्दी अर्थः- अब प्राणायाम के विषय में सुनो - अपनी देह से उत्पन्न वायु को प्राण कहते हैं और उस वायु का निरोध करना आयाम है। यह "सहित कुम्भक" प्राणायाम है।

श्री लिंग महापुराण में प्राणायाम

प्राण और अपान वायु का निरोध ही प्राणायाम है।

यह "सहित कुम्भक" प्राणायाम है।

श्री लिंग महापुराण - अध्याय - 8 - श्लोक - 46

प्राणापाननिरोधस्तु प्राणायामः प्रकीर्तितः।

हिन्दी अर्थः- प्राण और अपान वायु का निरोध ही प्राणायाम कहलाता है।

श्री विष्णु महापुराण में प्राणायाम

प्राण वायु को वश में करना ही प्राणायाम है।

यह "सहित कुम्भक" प्राणायाम है।

श्री विष्णु महापुराण - अंश - 6

अध्याय - 7 - श्लोक - 40

प्राणाख्यमनिलं वश्यमभ्यासात्कुरूतेतुयत्।

प्राणायामस्स विज्ञेयस्सबीजोऽबीज एव च।।40।।

हिन्दी अर्थः- अभ्यास के द्वारा जो प्राण वायु को वश में किया जाता है उसे 'प्राणायाम' समझना चाहिये। वह सबीज (ध्यान तथा मन्त्रपाठ आदि आलम्बनयुक्त) और निर्बीज (निरालम्ब) भेद से दो प्रकार का है।।40।।

ब्रह्मपुराण में प्राणायाम

प्राण, अपान समान कर उसे रोकना ही प्राणायाम कहलाता है।

यह "सहित कुम्भक" प्राणायाम है।

ब्रह्मपुराण - अध्याय - 39 - दक्षयज्ञ विध्वंस -

श्लोक नं. - 89 से 91

भगवान्मां तथेत्याह देवदेवः पिनाकधृक्।

परां च प्रीतिमगमत्स स्वयं च पिनाकधृक्।।89।।

दक्षोऽपि मनसा देवं भवं शरणमन्वगात्।

प्राणापानौ समारूध्य चक्षुःस्थाने प्रयत्नतः।।90।।

विधार्य सर्वतो दृष्टिं बहुदृष्टिरमित्रजित्।

स्मितं कृत्वाऽब्रवीद्वाक्यं बूरहि किं करवाणि ते।।91।।

हिन्दी अर्थ:- भगवान् पिनाकपाणि तब मेरी प्रार्थना से सम्मत हो गये। वह क्रोधज तेज अनेक भाग में बंट गया। प्रभु महेश्वर का यज्ञभाग भी निश्चित हो गया। दक्ष ने प्राण, अपान समान कर उसे रोक करके भगवान् भव की शरण ग्रहण किया। शत्रुजित् भगवान् भव, शंकर ने सर्वत्र दृष्टिपात करके हंसते हुये कहा - "हे दक्ष, प्रजापति! मैं आपका क्या कार्य करूं"।।89-99।।

शिव महापुराण में प्राणायाम

अपने शरीर में प्रकट हुई जो वायु है, उसको प्राण कहते हैं। उसे रोकना ही उसका आयाम है। यह "सहित कुम्भक" प्राणायाम है।

शिव महापुराण (वायवीय संहिता) अध्याय (उत्तर खण्ड) - 37

इसी अध्याय का 21वां श्लोक देखें।

प्राणः स्वदेहजो वायुस्तस्यायामो निरोधनम्।

तद्रेचकं पूरकं च कुम्भकं च त्रिधोच्यते।।21

हिन्दी अर्थ - अपने शरीर में प्रकट हुई जो वायु है, उसको प्राण कहते हैं। उसे रोकना ही उसका आयाम है। उस प्राणायाम के तीन भेद कहे गये हैं - रेचक, पूरक और कुम्भक।।21।।

प्राण का संचार रोकना ही प्राणायाम कहलाता है।

शिव महापुराण (वायवीय संहिता) अध्याय (उत्तर खण्ड) - 38 -

श्लोक - 60 - यह "सहित कुम्भक" प्राणायाम है।

सम्भृतप्राणसञ्चारः पाषाण इव निश्चलः।

स्वदेहायतनस्यान्तर्विचिन्त्य शिवमम्बया।।60

हिन्दी अर्थः- प्राण का संचार रोककर पाषाण के समान निश्चल हो जाय। अपने शरीर के भीतर मानस मन्दिर में हृदय-कमल के आसन पर पार्वतीसहित भगवान् शिव का चिंतन करके ध्यान-यज्ञ के द्वारा उनका पूजन करे।।60 1/2।।

सिद्धासन में मूलबन्ध के साथ उड्डियान बन्ध लगाते हुए परम निर्मोही

सिद्धासन में मूलबन्ध के साथ उड्डियान बन्ध व जालन्धर बन्ध लगाते हुए परम निर्मोही

श्री भुवनेश्वरी माता मंदिर, लसेर, टिहरी-गढ़वाल, उत्तराखंड में नाड़ीशोधन का प्रशिक्षण करवाते हुए स्वामि बालेंदु गिरि जी

योग - दर्शन में प्राणायाम

योग- दर्शन

योग - आठ सोपानों वाला है। यम, नियम, आसन, प्राणायाम, प्रत्याहार, धारणा, ध्यान, समाधि। यह योग हमारी चित्त-वृतियों का निरोध करता है, चित्त वृतियों के निरोध होने पर सब पाप, पुण्य नष्ट हो जाते हैं। योग में मुख्य है प्राणायाम। दूसरा है ध्यान। यह बिना प्राणायाम के नहीं लगता है, ध्यान पूर्ण होने पर समाधि लगती है। भगवन कृष्ण ने योग को जाना महर्षि उपमन्यू जी से और भगवान कृष्ण ने अपने योग गुरु उपमन्यू से कह दिया था बिना योग के जाने ही कि जो योग को नहीं - जानता है व बिना जाने ही मृत्यु को प्राप्त होता वह आत्मघाती होता है।

योग क्यों आवश्यक है

शिव महापुराण में अध्याय 37 - वायवीय संहिता (उत्तर खण्ड)

श्री कृष्ण उवाच

ज्ञाने क्रियायां चर्यायां सारमुद्धत्य संग्रहात्। उक्तं भगवता सर्वं श्रुतं श्रुतिसमं मया।।1

इदानीं श्रोतुमिच्छामि योगं परमदुर्लभम्। साधिकारं च साङ्ग. च सविधिं सप्रयोजनम्।।2

यद्यस्ति मरणं पूर्वं योगाद्यनुपमर्दतः। सद्यः साधयितुं शक्यं येन स्यान्नात्महा नरः।।3

तच्च तत्कारणं चैव तत्कालकरणानि च। तभ्देदतारतम्यं च वक्तुमर्हसि तत्त्वतः।।4

हिंदी अर्थ:- श्री कृष्ण ने कहा - भगवन्! आपने ज्ञान, क्रिया और चर्या का संक्षिप्त सार उद्धृत करके मुझे सुनाया है। यह सब श्रुति के समान आदरणीय है और इसे मैंने ध्यानपूर्वक सुना है।।1।। अब मैं अधिकार, अंग, विधि और प्रयोजनसहित परम दुर्लभ योग का वर्णन सुनना चाहता हूँ।।2।। यदि योग आदि का अभ्यास करने से पहले ही मृत्यु हो जाय तो मनुष्य आत्मघाती होता है अतः आप योग का ऐसा कोई साधन बताइये, जिसे शीघ्र सिद्ध किया जा सके, जिससे कि मनुष्य को आत्मघाती न होना पड़े। योग का वह अनुष्ठान, उसका कारण, उसके लिये उपयुक्त समय, साधन तथा उसके भेदों का तारतम्य क्या हैं?।।3-4।।

शिव महापुराण में अध्याय 37 - वायवीय संहिता (उत्तर खण्ड)

उपमन्युरूवाच

स्थाने पृष्टं त्वया कृष्ण सर्वप्रश्नार्थवेदिना।

ततः क्रमेण तत्सर्वं वक्ष्ये श्रृणु समाहितः।।5

उपमन्यु बोले - श्रीकृष्ण! तुम सब प्रश्नों के तारतम्य के ज्ञाता हो। तुम्हारा यह प्रश्न बहुत ही उचित है, इसलिये मैं इन सब बातों पर क्रमशः प्रकाश डालूँगा। तुम एकाग्रचित्त होकर सुनो।।5।।

अब मैं योग आदि का अभ्यास करना चाहता हूँ क्योंकि योग का अभ्यास किये बिना ही अगर मृत्यु हो जाती है तो वह आत्मघाती होता है।

कैसे पहुँचे परमात्मा तक

यह रहा बो सेतु जिससे आप इस संसार सागर से मुक्ति पा सकते हैं।

योग दर्शन में प्राणायाम ही योग दर्शन का सार हे।

सामवेद की योग चुड़ामण्युपनिषद कहती है -

प्राणायामो भवेदवं पातकेन्धनपावकः।

भवोदधिमहासेतुः प्रोच्यते योगिभिः सदा।।

हिन्दी अर्थ- संसार सागर से मुक्ति के लिये यह प्राणायाम महासेतु (तारने वाला) है पाप रूपी ईंधन को जलाने के लिए अग्नि की तरह है- ऐसा यागियों द्वारा प्रायः कहा जाता है।

प्राणायाम:- प्राण वायु व अपान वायु दोनों ही प्रमुख है। इसमें भी प्राण वायु प्रधान हैं। अपान वायु शरीर में गन्दगी फैलाती है। और प्राण-अपान को संयुक्त कर देना, दोनों को सामान कर देना- या दोनों को मिला देना ही प्राणायाम है। चूँकि मुख्य प्राणवायु अपने आप को पाँच नाम से अलग-अलग करके सभी पंच प्राण शरीर का संचालन करती हैं। इनको मिला देना ही प्राणायाम है।

परमात्मा प्राप्ति भी बिना योग के नहीं हो सकती है।

परमात्मा के दर्शन करना

श्री विष्णु पुराण -षष्ठ - अंश- अध्याय 6 - श्लोक - 1-2-3

श्रीपराशर उवाचः-

स्वाध्यायसंयमाभ्यां स दृश्यते पुरूषोत्तमः। तत्प्राप्तिकारणं ब्रह्म तदेतदिति पठयते।।1।।

स्वाध्यायाद्योगमासीत योगात्स्वाध्यायमावसेत् स्वाध्याययोगसम्पत्त्या परमात्मा प्रकाशते।।2।।

तदीक्षणाय स्वाध्यायश्चक्षुर्योगस्तथा परम्। न मांसचक्षुषा द्रष्टुं ब्रह्मभूतस्स शक्यते।।3।।

श्री पराशर जी बोले - वे पुरूषोत्तम स्वाध्याय और संयम द्वारा देखे जाते हैं, ब्रह्म की प्राप्ति का कारण होने से ये भी ब्रह्म ही कहलाते हैं।।1।। स्वाध्याय से योग का और योग से स्वाध्याय का आश्रय करें। इस प्रकार स्वाध्याय और योगरूप सम्पत्ति से परमात्मा प्रकाशित (ज्ञान के विषय) होते हैं।।2।। ब्रह्मस्वरूप परमात्मा को मांसमय चक्षुओं से नहीं देखा जा सकता, उन्हें देखने के लिये स्वाध्याय और योग ही दो नेत्र हैं।।3।।

प्राणायाम की महिमा

(1) भगवान श्री कृष्ण ने श्रीमद्भगवद्गीता के महात्म्य में कहा है कि प्राणायाम करते रहो आपके सब पाप नष्ट हो जायेंगे।

(2) विदेह राजा जनक के गुरु जी श्री पंचशिखाचार्य जी ने कहा कि प्राणायाम ही तप है।

(3) सामवेद की योगचुड़ामण्युपनिषद में कहा कि - इस संसार सागर से मुक्ति के लिए कहा है कि - प्राणायाम महा सेतु का काम करता है।

(4) योग करने वालों के कोई जाति भेद नहीं है।

प्राणायाम को दंडवत प्रणाम

सभी पापों से मुक्त करा देता हैं प्राणायाम - भगवद्गीता के माहात्म्य का श्लोक न० - 2

गीताध्ययनशीलस्य प्राणायामपरस्य च।

नैव सन्ति हि पापानि पूर्वजन्मकृतानि च।। 2।।

हिंदी अर्थः- जो गीता का अध्ययन करता है और प्राणायाम में परायण रहता है उसके इस जन्म और पूर्व जन्म के समस्त पाप निसंदेहः नष्ट हो जाते है।

तप भी प्राणायाम को ही कहते हैं।

महर्षि पंचशिखाचार्य जी कहते हैं -

"तपो न परं प्राणायामात्" अर्थात प्राणायाम से अधिक श्रेष्ठ कोई दूसरा तप नही।

महर्षि पंचशिखाचार्य जी कौन है?

- महाभारत शान्ति पर्वकमोक्ष धर्म पर्व के अंतर्गत 320 वें अध्याय में सुलभा का राजा जनक के शरीर में प्रवेश करते का वर्णन हुआ है उसमें राजा जनक ने बताया है।

राजा जनक ने सुलभा को बताया कि मैंने पूर्व काल में सर्व श्रेष्ठ मोक्ष विषयक ज्ञान जिनसे प्राप्त किया था, जिसका उनके सिवाय दूसरा कोई प्रतिपादन करने वाला नही है। उस ज्ञान और ज्ञानदाता गुरु का परिचय आप मुझसे सुनो।

- पाराशरीय गोत्रीय सन्यासी वृद्ध महात्मा पंच शिखाचार्य मेरे गुरु हैं। मैं उनका परम शिष्य हूँ।
- सांख्य ज्ञान, योग दर्शन तथा राजधर्म इन तीन प्रकार के मोक्ष धर्म को मैं गुरूजी से प्राप्त कर चूका हूँ।

- इससे मेरा मोह दूर हो गया है। मुझे गुरूजी ने राज्य नही छोड़ने का आदेश दिया है।

देखें - शान्ति पर्व - अध्याय 320 - श्लोक 1 से 59 तक।

पंचशिखाचार्य जी ने ही बताया है - प्राणायाम से श्रेष्ठ कोई तप नही।

प्राणायाम के तीन स्तर

पहला - नाड़ीशोधन प्राणायाम

दूसरा - सहित कुम्भक प्राणायाम

तीसरा - कैवल कुम्भक प्राणायाम

अब सहित कुम्भक:- नाड़ीशोधन प्राणायाम में पूरक आता है - सहित कुम्भक प्राणायाम में पहले रेचक आता है। नाड़ीशोधन प्राणायाम में पूरक 16 मात्रा व कुम्भक - 64 मात्रा तथा रेचक 32 मात्रा तक होता है। लेकिन "सहित कुम्भक प्राणायाम" में इससे उल्टा होता है यानि पहले रेचक बाऐ नथुने से 32 मात्रा तक किया जाता हैं। दाहिने नथुने को अँगूठे से बंद किया जाता हैं। बाऐ नथुने से 16 मात्रा तक पूरक करें। फिर कनिष्ठा व तर्जिनी अँगुलियों से बाऐ नथुने को बंद करें। 64 मात्रा तक कुम्भक करें व दाऐ नथुने से 32 मात्रा तक बाहर निकालें व इस क्रम को आगे बढ़ाऐ। धीरे धीरे इसी क्रम को घटी में बदले (यानि एक घटी 24 मिनट की होती है)। फिर धीरे-धीरे - पांच घटी तक (यानि 2 घण्टा तक) पृथ्वी तत्व का चिंतन करें। फिर जल का चार घण्टे चिन्तन करना चाहिये फिर छ घण्टे (15 घटी) तक अग्नि तत्व का चिन्तन करना चाहिये। फिर आठ घण्टे (बीस घटी) तक आकाश तत्व का चिन्तन करना चाहिये। पृथ्वी तत्व, जल तत्व, अग्नि तत्व व आकाश तत्व में यानि सबमें अपने इष्ट देव का चिन्तन करना चाहिये।

योगी में कैवल्य की प्राप्ति के लिए अन्तःकरण में संव्याप्त परमात्मा तत्व के स्वरुप का चिन्तन करना चाहिये। कैवल्य प्राप्त होगा। इसलिए अष्टांग योग में प्राणायाम मुख्य है। इस प्राणायाम अँगुलियों के सहारे से करना चाहिये। इसलिए इसे "सहित कुम्भक प्राणायाम" कहते हैं।

तीसरा कैवल कुम्भक प्राणायाम- जो बिना अँगुलियों के सहारे से होता है जैसे श्वास आता है बिना सहारे के व निकलता है बिना सहारे के। जो निरन्तर चलता रहता है। इसमें किसी भी प्रकार से इन्द्रिय विकार नहीं होता है।

नाड़ीशोधन प्रकरण

नाड़ीशोधन शुरू करने की विधि

सबसे पहले वैदिक और शास्त्रोक्त विधि अपनानी चाहिए।

यजुर्वेद की त्रिशिखिब्राह्मणोपनिषद् के मंत्र भाग 2 का 53वां श्लोक कहता है।

यमैश्च नियमश्चैव आसनैश्च सुसंयतः।

नाड़ीशुद्धिं च कृत्वादौ प्राणायामं समाचरेत्।।53।।

हिन्दी अर्थः- यम-नियम और आसन आदि के द्वारा सुसंयत होकर सम्यक् रूप से सर्वप्रथम नाड़ी-शोधन पूर्ण करके ही प्राणायाम करना चाहिए।

पहला नाड़ीशोधन प्राणायाम

नाड़ीशोधन प्राणायाम करने का तरीका -

पहले पूरक करें - बायें हाथ से ज्ञान मुद्रा व दाहिने हाथ की तर्जनी व मध्यमा को मोड़कर मूल में लगाएँ (नाड़ीशोधन मुद्रा)। अनामिका व कनिश्ठा को मिलाकर नाक की चन्द्र नाड़ी के पास रखें व अंगुठे से दाहिने स्वर को दबाएँ फिर चन्द्र नाड़ी से पूरक करें। यानि अपान वायु बाहरी वायु को बाएँ नथुने से 16 मात्रा तक (16 सैकेन्ड तक अपान वायु को) आमाशय व फेफड़ों के अन्दर भरें। पूरक पूर्ण होने पर अनामिका और कनिश्ठा से चन्द्र नाड़ी यानी बाएं स्वर को बंद करें, दाहिने नथुने को अंगुठें से बंद रखें यह कुम्भक हुआ (64 मात्रा तक यानि 64 सैकेन्ड तक करें)। कुम्भक पूर्ण होने पर अंगुठे को उपर उठाएँ और दाहिने स्वर से वायु को बाहर निकालें, यह रेचक हुआ (रेचक करें 32 मात्रा तक यानि 32 सैकेन्ड तक)। इसी प्रकार जिस नथूने से रेचक किया गया है उसी नथूने से फिर से पूरक करें। यानि दो अँगुलियों (कनिष्ठा व तर्जिनी अंगुली) से बायां नथुना बंद करके रखें और दाहिने नथुने से 16 मात्रा तक पूरक करें तथा पहले ही की तरह दोनों नथुने बंद करके 64 मात्रा तक कुम्भक करें और फिर बाएं नथुने से (अँगुलियाँ हटाकर) 32 मात्रा तक रेचक करें। यह एक आवृति हुई। ऐसी 6 आवृतियां एक समय में करें। दिन में 4 बार करने से तीन महीने में पूर्ण होता है नाड़ीशोधन प्राणायाम।

नोटः- शुरू में 4 मात्रा तक पूरक- 16 मात्रा तक कुम्भक व 8 मात्रा तक रेचक करें। इसको बढ़ाते - बढ़ाते तीन महीने तक दिन में चार बार करने से पूर्ण होगा नाड़ीशोधन प्राणायाम। इसके बाद शुरू करें- "सहित कुम्भक" प्राणायाम। पूर्ण नाड़ीशोधन 16 मात्रा पूरक- 64 कुम्भक और 32 रेचक से होता है।

नीचे - 16 शास्त्रों में नाड़ीशोधन प्राणायाम दिया गया है

नाड़ीशोधन में आवश्यक जानकारी

(1) प्राण वायु के पंच प्राणवायु व पाँच उप प्राण

(2) नाड़ियों की जानकारी व ग्रंथियों की जानकारी

(3) जब वेद बने थे उस समय (काल) को और अब के समय (काल) को जानना

(4) पूरक- कुम्भक- रेचक को जानना

(5) अँगुलियों व अंगूठों के नाम जानना

वेदों में मात्रा निर्धारित करने की विधि

कृष्ण यजुर्वेद की योगतत्त्वोपनिषद् में नाड़ीशोधन में जो समय काम में लिया जाता है, समझाया है। एक मात्रा बराबर करीब एक सैकेंड।

जानु प्रदक्षिणीकृत्य न द्रुत न विलम्बितम्।

अग्लिस्फोटनं कुर्यात्सा मात्रा परिगीयते।।40।।

हिंदी अर्थ:- न तो अत्यन्त द्रुतगति से और न ही अत्यन्त धीमी गति से, वरन् सहज-सामान्य गति से जानु की प्रदक्षिणा करके एक चुटकी बजाएं, इतने समय को एक मात्रा कहा जाता हैं।।।40।।

मात्रा नाड़ीशोधन में गिनती के काम आता है। वेदों के अनुसार नाड़ीशोधन पूर्ण है जिसमे पूरक - 16 मात्रा या 16 सैकेंड, कुम्भक - 64 मात्रा या 64 सैकेंड, रेचक - 32 मात्रा या सैकेंड है। नाड़ीशोधन में पूरक कहते हैं श्वास को अन्दर भरने को। कुम्भक कहते हैं श्वास शरीर के अन्दर रोकने को। रेचक कहते हैं - श्वास को बाहर निकालने को।

नाड़ीशोधन पूर्ण होने की पहचान - वेदों में वर्णन

यथेष्टधारणं वायोरनलस्य प्रदीपनम् नादाभिव्यक्तिरारोग्यं जायते नाड़ीशोधनात् ॥99॥॥

- सामवेद की योगचुड़ामण्युपनिषद्

यथेष्टधारणाद्वायोरनलस्य प्रदीपनम्। नादाभिव्यक्तिरारोग्यं जायते नाड़ीशोधनात् ॥24॥

- अथर्ववेद की शाण्डिल्योपनिषद्

यथेष्टधारणाद्वायोरनलस्य प्रदीपनम्। नादाभिव्यक्तिरारोग्यं जायते नाड़ीशोधनात् ॥

- गोरक्ष पद्धतिः

यथेष्टधारणाद्वायोरनलस्य प्रदीपनम्। नादाभिव्यक्तिरारोग्यं जायते नाड़ीशोधनात् ॥

- हठयोग प्रदीपिका

चारों श्लोकों का एक ही अर्थ है:-

“नाड़ीशोधन” करने से नाडियाँ शुद्ध होने पर वायु को यथेष्ट धारण करने की क्षमता प्राप्त हो जाती है तथा आरोग्य के लाभ के साथ जठराग्नि प्रबल हो जाती है और दिव्यनाद सुनाई पड़ने लगता है।

नाड़ीशोधन विधि - 16 शास्त्रों द्वारा प्रमाणित

कृष्ण यजुर्वेद की योगतत्त्वोपनिषद् में नाड़ीशोधन विधि

इडया वायुमारोप्य शनैः षोडशमात्रया।

कुम्भयेत्पूरितं पश्चाच्चतुःषष्ट्या तु मात्रया।।41।।

रेचयेत्पिङ्गलानाड्या द्वात्रिंशन्मात्रया पुनः।

पुनः पिङ्गलयापूर्य पूर्ववत्सुसमाहितः।।42।।

हिन्दी अर्थ:- सर्व प्रथम 'इडा' से सोलह मात्रा तक वायु को खींचे तत्पश्चात् चौंसठ मात्रा तक कुम्भक करें।।41।। इसके बाद बत्तीस मात्रा तक 'पिंगला' नाड़ी से रेचक करें। इसके बाद दूसरी बार 'पिंगला' से वायु खींचकर पहले की भांति ही सारी क्रिया संपन्न करें।।42।।

नाड़ीशोधन पूर्ण होने तक का निर्धारित समय:

कृष्ण यजुर्वेद की योगतत्त्वोपनिषद में -

प्रातर्मध्यंदिने सायमर्धरात्रे च कुम्भकान्।

शनैरशीतिपर्यन्तं चतुर्वारं समभ्यसेत्।।43।।

एवं मासत्रयाभ्यासान्नाडीशुद्धिस्ततो भवेत्।

यदा तु नाडीशुद्धिः स्यात्तदा चिह्नानि बाह्यतः।।44।।

हिन्दी अर्थ:- प्रातः- मध्याह्म- सायंकाल एवं अर्द्धरात्रि के समय चार बार धीरे-धीरे क्रमशः अस्सी कुम्भक तक का अभ्यास बढ़ाना चाहिए।।43।। इस तरह से तीन मास तक अभ्यास करने से नाड़ी-शोधन हो जाता है। ऐसी शुद्धि होने से उस (श्रेष्ठ साधक) के चिह्न भी योगी की देह में दृष्टिगोचर होने लगते हैं।।44।।

शिव महापुराण में समय की पहचान

काल (समय) की पहचान करना व नाड़ीशोधन पूर्ण करके ही प्राणायाम करना चाहिये। -शिव महापुराण - वायवीय संहिता - अध्याय 37 श्लोक - 30-31-32 (नाड़ीशोधन में काम में आने वाला समय)

आनन्दोभ्दवरोमाञ्च्नेत्राश्रूणां विमोचनम्।

जल्पभ्रमणमूर्छाद्यं जायते योगिनः परम्।।30

जानुं प्रदक्षिणीकृत्य न दुरतं न विलम्बितम्।

अंगुलीस्फोटनं कुर्यात्सा मात्रेति प्रकीर्तिता।।32

मात्रा क्रमेण विज्ञेयाश्चोद्घातक्रमयोगतः।

नाडीविशुद्धिपूर्वं तु प्राणायामं समाचरेत्।।32

हिन्दी अर्थ:- योगी के अन्दर आनन्दजनित रोमांच, नेत्रों से अश्रुपात, जल्प, भ्रान्ति और मूर्च्छा आदि भाव प्रकट होते हैं। घुटने के चारों ओर प्रदक्षिणा क्रम से न बहुत जल्दी और न बहुत धीरे-धीरे चुटकी बजाये। घुटने की एक परिक्रमा में जितनी देर तक चुटकी बजती है, उस समय का मान एक मात्रा है। मात्राओं को क्रमशः जानना चाहिये। उद्घात क्रम-योग से नाड़ीशोधनपूर्वक प्राणायाम करना चाहिये।।30-32।।

कृष्ण यजुर्वेद की योगतत्त्वोपनिषद् में नाड़ीशोधन पूर्ण होने की पहचान

जायन्ते योगिनो देहे तानि वक्ष्याम्यशेषतः।

शरीर लघुता दीप्तिर्जाठराग्निविवर्धनम् ॥45॥

कृशत्वं च शरीरस्य तदा जायेत निश्चितम्।

योगविघ्नकराहारं वर्जयेद्योगवित्मः ॥46॥

हिन्दी अर्थ:- वे चिन्ह ऐसे हैं कि शरीर में हल्कापन मालूम पड़ता है, जठराग्नि तीव्र हो जाती है, शरीर भी निश्चित रूप से कृश हो जाता है। ऐसे समय में योग में बाधा पहुँचाने वाले आहार का परित्याग कर देना चाहिए ॥45-46॥

यजुर्वेद की त्रिशिखिब्राह्मणोपनिशद के मंत्र भाग 2 का 53वां ष्लोक कहता है।

यमैश्च नियमश्चैव आसनैश्च सुसंयतः।

नाड़ीशुद्धिं च कृत्वादौ प्राणायामं समाचरेत्।।53।।

हिन्दी अर्थः- यम-नियम और आसन आदि के द्वारा सुसंयत होकर सम्यक् रूप से सर्वप्रथम नाड़ी-शोधन पूर्ण करके ही प्राणायाम करना चाहिए।

रक्षिता गैरोला नाड़ीशोधन का अभ्यास करते हुए - देहरादून, उत्तराखंड

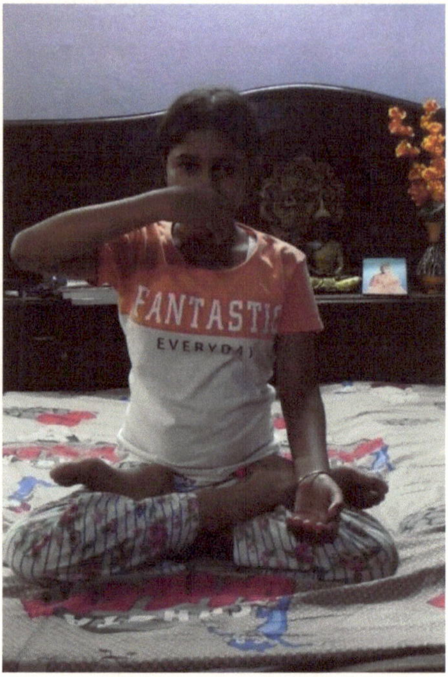

कुमारी शिवांगी दत्ता नाड़ीशोधन का अभ्यास करते हुए, दिल्ली

कन्या कुमारी शशि बाला चक्रासन करते हुए
एवं नाड़ीशोधन का अभ्यास करते हुए, कोटेश्वर महादेव

श्री माणिक जी दत्ता - भारत सरकार संसद भवन मे टेक्निकल सिक्योरिटी ऑफिसर - प्राणायाम सैद्धांतिक पक्ष मे पूर्ण जानकारी

कुमार दत्ता नाड़ीशोधन का अभ्यास करते हुए - दिल्ली

प्राण वायु की उत्पत्ति

प्राण वायु की उत्पत्ति

प्राण वायु से बना प्राणायाम

जो मनुष्य प्राण तत्त्व की उत्पत्ति- आगमन- स्थान- व्यापकत्व तथा बाहरी और आध्यात्मिक स्थिति के पाँचों भेदों को भली प्रकार जान लेता है- वह अमर पद प्राप्त कर लेता है - वह निश्चित ही अमरत्व को प्राप्त कर लेता है।।12।। - हिंदी अर्थ: प्रश्नोपनिषद - प्रश्न 3 - श्लोक 12 - वेद - अथर्ववेद

प्राण वायु पर पाँच बिंदु

(1) प्राण वायु = शरीर से बाहर निकलती है - जिसे रेचक कहते हैं।

(2) अपान वायु = बाहर से अन्दर ली जाती है। जिसे पूरक कहते हैं।

(3) कुम्भक = अन्दर पेट में भरी जाती है। इसे रोकने को कुम्भक यानी अन्तर=कुम्भक कहा जाता है।

(4) बहिर कुम्भक = अन्दर की वायु को बाहर निकाल कर रोका जाता है- उसको बहिर=कुम्भक कहा जाता है। यह वायु प्राण वायु कहलाती है और यह प्राण बाहर 12 अंगुल तक यानी 9 ईन्च तक- कुछ सैकण्ड मे नौ ईन्च तक पहुँच सकती है।

(5) सहित कुम्भक = प्राण और अपान शरीर के अन्दर रोकना सहित कुम्भक कहलाता है। सहित मतलब अँगुलियों के सहारे से किया जाता है।

हमारे पास प्रमाण क्या हैं ईश्वर को जानने के लिए

(1) श्रीमद् भगवद् गीता

(2) वेदों के ज्ञान भाग उपनिषदें

(3) 6 दर्शन

(4) 24 स्मृतिया

(5) 18 पुराण

(6) महारामायण (योग वशिष्ठ) बाल्मिक जी

(7) रामायण - 36

(8) बाल्मिकी रामायण

(9) रामचरित मानस (तुलसी कृत्य)

(10) महाभारत

वेदों के अनुसार पाप क्या है?

आसक्ति ही पाप है।

वेदों के अनुसार आसक्ति ही पाप या मृत्यु है। वेद कहते हैं इन्द्रिय जनित विषयों के संसर्ग में आते ही आसक्ति आ जाती है। और यही पाप है।

प्राण देवता से मृत्यु दूर रहती है

आसक्ति ही मृत्यु है।

आसक्ति ही पाप है।

शुक्ल यजुर्वेद की काण्व शाखा के वाजसनेयि ब्राह्मण शतपथ ब्राह्मण के अन्तर्गत बृहदारण्यकोपनिषद (शांकर भाष्य) में अध्याय प्रथम, ब्राह्मण तीसरा, श्लोक न० 9 - शांकर भाष्य से

सा व एशा देवता दूर्नाम। इत्याह - दूरं दूरे हि यस्मादस्याः प्राणदेवताया मृत्युरासङ्गलक्षणः पाप्मा। असंश्लेषधर्मित्वात्प्राणस्य समीपस्थस्यापि दूरता मृतयोस्तस्माद् दूरित्येवं ख्यातिः, एवं प्राणस्य विशुद्धिर्ज्ञापिता। इन्द्रियविषयसंसर्गासङ्गजो हि पाप्मा प्राणात्माभिमानीनो हि विरुध्यते, तस्मादेवंविदः पाप्मा दूरं भवतीति युक्तं विरोधात्।

हिंदी अर्थः- श्रुति कहती है, क्योंकि इस प्राण देवता से मृत्यु यानि आसक्ति रूप पाप दूर है। प्राण असंसर्ग धर्मी है। इसलिए समीपस्थ होने पर भी इससे मृत्यु की दूरता है। क्यों रहता है दूर - इन्द्रियजनित विषयों के संसर्ग से होने वाली आसक्ति ही पाप या मृत्यु है।

विधिवत प्राणायाम से सभी पाप नष्ट हो जाते हैं। पढ़िए श्रीमद् भगवद् गीता जी।

गीताध्ययनशीलस्य प्राणायामपरस्य च।

नैव सन्ति हि पापानि पूर्वजन्मकृतानि च।।

हिंदी अर्थः- जो गीता का अध्ययन करता है और प्राणायाम में परायण रहता है उसके इस जन्म और पूर्व जन्म के समस्त पाप निसंदेहः नष्ट हो जाते है।

प्राण वायु

प्राण जो हमारे शरीर को संचालित करता है। यह शरीर में विराजमान आत्मा की छाया से उत्पन्न होता है। महृषि दधीचि जी के पुत्र महृषि पिप्लाद जी ने इसकी खोज की है। अथर्व वेद की प्रश्नोपनिषद में।

आत्मा से उत्पन्न होते ही प्राण पाँच भागों में विभक्त हो जाता है। प्राण, अपान, व्यान, समान, उदान। इसमें मुख्य प्राण अलग रहकर सबको देखता है। पंच प्राण से पाँच उप-प्राण उत्पन्न होते हैं। नाग, कूर्म, कृकर, देवदत्त, धनञ्जय। ये दश वायु शरीर को यथा रूप संचालित करते हैं। पंच प्राण में दो वायु मुख्य होती हैं।

पहला प्राण-वायु, दूसरा अपान-वायु। इसमें भी प्राण वायु प्रधान होती है।

प्राण वायु शरीर के अंदर उत्पन्न होती है। अपान वायु शरीर के बाहर, सूर्य से उत्पन्न वायु, बाहर से शरीर में प्रवेश करती है। इस शरीर का संचालन करते हुए इन दशों वायु को इकठ्ठा कर देना या संयुक्त कर देना ही प्राणायाम है। यानि कुम्भक ही प्राणायाम है।

प्राणायाम समझने से पहले हमें प्राण वायु को समझना होगा। क्योंकि प्राणवायु से ही प्राणायाम बनता है।

प्राण की गति - सामवेद की छान्दग्योपनिषद

यानि श्वास प्रश्वास की गति

अध्याय - पहला - खंड - ३ - श्लोक - ३

व्यानदृष्टिसे उद्गीथोपासना अथ खलु व्यानमेवोद्गीथमुपासीत

यद्वै प्राणिति स प्राणो यदपानिति सोऽपानः।

अथ यः प्राणापानयोः सन्धिः स व्यानो यो व्यानः सा वाक्।

तस्मादप्राणन्ननपानन्वाचमभिव्याहरति।।3।।

हिंदी अर्थ:- तदनन्तर दूसरे प्रकार से (अध्यात्मोपासना कही जाती है -) व्यानदृष्टिसे ही उद्गीथकी उपासना करे। पुरुष जो प्राणन करता है (मुख या नासिकाद्वारा वायुको बाहर निकालता है) वह प्राण है और जो अपश्वास लेता है (वायुको भीतरकी ओर खींचता है) वह अपान है। तथा प्राण और अपानकी जो सन्धि है वही व्यान है। जो व्यान है वही वाक् है। इसीसे पुरुष प्राण और अपान क्रिया न करते हुए ही वाणी बोलता है।।3।।

प्राण की गति - सामवेद की मैत्रायण्युपनिषद

प्रपाठक - 2, मंत्र - 7

अथ योऽयमूर्ध्वमुत्क्रामतीत्येष वाव स प्राणोऽथ योयमवाञ्चं संक्रामत्येष वाव सोऽपानोऽथ योऽयं स्थविष्ठमन्नधातुमपाने स्थापयत्यणिष्ठं चाङ्गेऽङ्गे समं नयत्येष वाव स समानोऽथ योऽयं पीताशितमुद्गिरति निगिरतीति चैष वाव स उदानोऽथ येनैताः शिरा अनुव्याप्ता एष वाव स व्यानः।।7।।

हिंदी अर्थ: जो ऊर्ध्व की ओर गमन करता है, वह प्राण कहलाता है। जो नीचे की ओर जाता है, वह अपान के नाम से जाना जाता है। जो अत्यंत स्थूल अन्न एवं धातु को पाचन तंत्र (ऊर्जा को) के माध्यम से अपान में प्रतिष्ठित करता है तथा सूक्ष्म रूप से अंग-प्रत्यंग में समान रूप से पहुँच जाए, उसे समान कहते हैं। जो खाये-पिये पदार्थ को उगलता और निगलता है, उसे उदान कहते हैं और जिस वायु से समस्त नाड़ियाँ परिपूर्ण हैं, वही व्यान कहलाता है।।7।।

परमात्मा (ब्रह्म) का स्वरुप कैसा है जो हमारे शरीर में विराजमान हैं। वेद कहते हैं और मै भी कहता हूँ।

कृष्ण यजुर्वेद की ध्यानबिंदूपनिषद्

श्लोक - 4

वालाग्रशतसाहस्त्रं तस्य भागस्य भागिनः।

तस्य भागस्य भागार्धं तत्क्षये तु निरञ्जनम्।।4।।

यदि बाल (गेहूँ आदि की बाल) के अग्रभाग अर्थात् नोक के एक लाख हिस्से किये जाएँ, उसके उतने भाग अर्थात् एक लाख भाग पुनः किये जाएँ। तत्पश्चात् उस हिस्से के भी पचास हजार हिस्से किये जाने पर जो शेष रहे, उसके भी क्षय हो जाने पर जो सूक्ष्म से भी अतिसूक्ष्म शेष रहे, वह उस निरञ्जन (विशुद्ध) ब्रह्म की सत्ता है।

कहाँ रहते हैं, विराजते हैं हमारे परमात्मा (ब्रह्म)?

कृष्ण यजुर्वेद की कठोपनिषद्

अध्याय - 2, वल्ली - 2, श्लोक - 3

ऊर्ध्वं प्राणमुन्नयत्यपानं प्रत्यगस्यति। मध्ये वामनमासीनं विश्वेदेवा उपासते।।3।।

जो प्राण वायु को ऊर्ध्वगति देता है और अपान वायु को अधोगति प्रदान करता है, हृदय के मध्य स्थित उस वामन (भजन करने योग्य) की सभी देवगण उपासना करते हैं।।3।।

वेदों ने कहा हृदय के मध्य में। प्राण, अपान के मध्य में। हृदय आकाश में जहा प्राण वायुँ उत्पन्न होती है। इसी ब्रह्म से उपजती है प्राण वायु। उपजते ही प्राण वायु शरीर संचालन हेतु दश भागो में विभाजित हो जाती है।

प्राणवायु की उत्पत्ति

प्रश्नोपनिषद - प्रश्न 3 - श्लोक 1 से 12 - वेद - अथर्ववेद

।। तृतीयः प्रश्नः।।

अथ हैनं कौसल्यश्चाश्वलायनः पप्रच्छ। भगवन्कुत एष प्राणो जायते? कथमायात्यास्मिञ्छरीरे? आत्मानं वा प्रविभज्य कथं प्रातिष्ठते? केनोत्क्रमते?

कथं बाह्यमभिधत्ते? कथामध्यात्ममिति?।।1।।

हिंदी अर्थ:- तदुपरांत कौसल्य आश्वलायन ने महर्षि पिप्पलाद से पूछा - भगवन्! इस प्राण की उत्पत्ति कहाँ से होती है? यह इस शरीर में किस प्रकार प्रविष्ट होता है, यह किस प्रकार शरीर से बाहर आता है और किस प्रकार बाहरी और भीतरी शरीर को धारण करता है?।।1।।

तस्मै स होवाचातिप्रश्नपृच्छसि

ब्रह्मनिष्ठोऽसीति तस्मात्तेऽहं ब्रवीमि।।2।।

हिंदी अर्थ:- महर्षि पिप्पलाद ने उनसे कहा की आप बहुत जटिल प्रश्न पूछते हैं; किन्तु आप ब्रह्मनिष्ठ हैं, इसलिए मैं आपके प्रश्नों के उत्तर देता हूँ।।2।।

आत्मन एष प्राणो जायते। यथैषा पुरुषे

छायैतस्मिन्नेतदाततं मनोकृतेनायात्यस्मिञ्छरीरे।।3।।

हिंदी अर्थ:- इस प्राण की उत्पत्ति आत्मा से होती है। जिस प्रकार छाया देहधारी की देह से उत्पन्न होती है अथवा छाया देहधारी के आश्रित है, उसी प्रकार प्राण आत्मा से उत्पन्न होकर, उसी के आश्रित रहता है। यह प्राण मन के संकल्प के अनुसार शरीर में प्रविष्ट होता है।।3।।

यथा सम्राडेवाधिकृतान्विनियुङ्क्ते एतान्ग्रामानेतान्ग्रामान -

धितिष्ठस्वेतेवमेवैष प्राण इ तरान्प्राणा न्पृथक्पृथगेव संनिधत्ते।।4।।

हिंदी अर्थ:- जिस प्रकार राजा अपने विभिन्न अधिकारीयों को पृथक-पृथक ग्रामों में नियुक्त करता है, उसी प्रकार प्राण (मुख्य प्राण) अन्य प्राणों की पृथक पृथक नियुक्ति करता है।।4।।

पायुपस्थेऽ पानं चक्षुःश्रोत्रे मुखनासिकाभ्यां प्राणः स्वयं प्रातिष्ठते मध्ये तु समानः।

एष ह्योतद्धुतमन्नं समं नयति तस्मादेताः सप्तार्चिषो भवन्ति।।5।।

हिंदी अर्थ:- वह प्राण स्वयं मुख और नासिका से निकलता हुआ नेत्र और श्रोत्र में प्रतिष्ठित होता है तथा गुदा एवं उपस्थेन्द्रिय में अपान वायु को नियुक्त करता है। मध्य भाग में समान वायु रहता है, जो अन्न को समानतापूर्वक शरीर के विभिन्न भागों को वितरित करता है। उसी प्राण रुपी अग्नि से साथ ज्वालाओं का प्रादुर्भाव होता है।।5।।

हृदि ह्योष आत्मा। अत्रैतदेकशतं नाडीनां तासां शतं शतमेकैकस्यां द्वासप्ततिर्द्वसप्ततिः

प्रतिशाखानाडीसहस्राणी भवन्त्यासु व्यानश्चरति।।6।।

हिंदी अर्थ:- यह आत्मा प्राणी के हृदय प्रदेश में स्थित है। इस हृदय प्रान्त में एक सौ एक नाड़ियां हैं, उन सभी नाड़ियों में प्रत्येक की सौ-सौ शाखायें हैं और उन सभी नाड़ी शाखाओं में भी प्रत्येक की बहत्तर-बहत्तर हजार प्रतिशाखायें हैं। इन सभी नाड़ी शाखाओं में व्यान संचरित होता है।।6।।

अथैकयोर्ध्व उदानः पुण्येन पुण्यं लोकं नयति

पापेन पापमुभाभ्यामेव मनुष्यलोकम्।।7।।

हिंदी अर्थ:- इन नाड़ियों में एक नाड़ी (सुषुम्ना नाड़ी) ऊर्ध्वगामी है, जिसके माध्यम से उदान नामक वायु मनुष्य को पुण्य कृत्यों द्वारा पुण्यलोक को और पाप कृत्यों द्वारा अधम लोक

को ले जाता है। यह उदान वायु पाप-पुण्य दोनों प्रकार के कर्मों द्वारा मनुष्य को मर्त्य लोक में प्रतिष्ठित करता है।।7।।

आदित्यो ह वै बाह्मः प्राण उदयत्येष ह्योनं चाक्षुषं प्राणमनुगृह्णानः।

पृथिव्यां या देवता सैषा पुरुषस्यापानमवष्टभ्यान्तरा

यदाकाशः स समानो वायुर्व्यानः।।8।।

हिंदी अर्थः- आदित्य निश्चित रूप से बाहरी प्राण है। यह चाक्षुष प्राण को अनुगृहीत करता हुआ उदित होता है। पृथ्वी का देवता प्राणी के अपान वायु को आकर्षित करता है। इन दोनों के बीच का रिक्त स्थान (आकाश) ही समान वायु है तथा बाह्म वायु, व्यापकता में (आतंरिक व्यान से) समानता होने से व्यान है।।8।।

तेजो ह वा उदानस्तस्मादुपशान्ततेजाः।

पुनर्भवमिन्द्रियैर्मनसि संपद्यमानैः।।9।।

हिंदी अर्थः- लोकप्रसिद्ध तेज जी उदान है। अतः जिसका तेज (शारीरिक ऊष्मा) शांत हो जाता है वह मनमें लीन हुई इन्द्रियों के सहित पुनर्जन्मको (अथवा पुनर्जन्मके हेतुभूत मृत्युको) प्राप्त हो जाता है।

यच्चित्तस्तेनैष प्राणमायाति प्राणस्तेजसा युक्तः

साहात्मना यथासंकल्पितं लोकं नयति।।10।।

हिंदी अर्थः- (मरणकाल में) इस का जिस तरह का मनः संकल्प होता है, वह उसी प्रकार के संकल्प के साथ प्राण को प्राप्त करता है। वह प्राण तेजस् सम्पन्न होकर जीव के संकल्पानुसार उसे विभिन्न लोकों में ले जाता है।।10।।

य एवं विद्वान्प्राणं वेद न हास्य

प्रजा हीयतेऽ मृतो भवति तदेश श्लोकः।।11।।

हिंदी अर्थः- जो विज्ञजन प्राण तत्त्व को इस प्रकार जानते हैं, उनकी प्रजा कभी विनाश को प्राप्त नहीं होती और वे अमृतत्त्व को प्राप्त कर लेते हैं। यह श्लोक इसी तथ्य का प्रतिपादन करता है।।11।।

उत्पत्तिमायतिं स्थानं विभुत्वं चैव पंञ्चधा।

अध्यात्मं चैव प्राणस्य विज्ञायामृतमश्नुते विज्ञायामृतमश्नुत इति।।12।।

हिंदी अर्थः- जो मनुष्य प्राण तत्त्व की उत्पत्ति, आगमन, स्थान, व्यापकत्व तथा बाहरी और आध्यात्मिक स्थिति के पाँचों भेदों को भली प्रकार जान लेता है, वह अमर पद प्राप्त कर लेता है - वह निश्चित ही अमरत्व को प्राप्त कर लेता है।।12।।

अपान वायु का व्यावहारिक रूप

गोभी, मूली, परबल, ग्वार फली, आंवला, ककड़ी, कच्चा पपीता, पक्का पपीता, आलु, कमरख, अदरक, पालक, चौलाई, बथुआ, लौकी, टिण्डा, भिण्डी, शलगम्, बीन्स, सैम फली, गाजर, पानी, दूध, दही, घी, पनीर आदि की मिठाईयां, ग्वार पाठा, कमल लकड़ी, कैर, सांगरी, कच्चा आम, सरसों के पत्ते, सहजन की फली व सहजन के फूल, इन सब सब्जियों में अपान वायु होती है। किसी में कम, किसी में ज्यादा। इनके गुणों के आधार पर अपान वायु बनती है।

शराब आदि मादक द्रव्यों में जो अपान वायु बनती है, वह बहुत ज्यादा बनती है। वह लीवर, अग्नाशय, सिर भाग में जो नाड़ियां होती है, उनमें पहुंच कर धीरे-धीरे जम जाती है और उनमें खुन नहीं पहुंच पाता है और तरह-तरह की बिमारियां हो जाती है।

अपान सैकड़ों प्रकार की बनती रहती है।

जो वायु मण्डल से अपानवायु हम श्वास के द्वारा लेते हैं वह सबसे खतरनाक अपान वायु होती है। यह जैसे दूध में जरा सा दही डालकर सारे दूध को दही बना लेते है वैसा ही काम करती है।

जो भी हम भोजन करेंगे, भोजन के पाचन शुरू होते ही अपान वायु बनना शुरू होगी। अलग-अलग बनती जैसे बैंगन से बहुत ज्यादा बनती है - बैंगन की सब्जी के साथ गेहूँ की रोटी से थोड़ी बनती और चना-गेहूँ, जौ की मिक्स रोटी से बहुत ज्यादा बनेगी। माँसाहारी लोगों के बहुत ज्यादा बनेगी, इसमें भी जो मेहनत करते है उनको कम बनेगी।

माँसाहार से बनी अपान वायु प्राणवायु में मिलना कठिन है। संयुक्त होना कठिन है। इसलिये प्राणायाम शुरू करने से मांस, मछली, अण्डा आदि त्याग देना चाहिये।

माद्रक दव्य से अपान वायु तुरन्त बनती है। शराब आदि से अपान वायु बन कर खुन के साथ मिलकर सिर में चढ़ जाती है। सदबुद्धि को नष्ट कर भंयकर देती है। शराब से बनी अपान वायु में प्राण वायु नहीं मिलने के कारण ही राक्षसी ताकत (यानि बिना बुद्धि वाली ताकत) आती है। थोड़ी देर के लिये तो वह राक्षस ही बन जाता है। धीरे-धीरे लगातार पीने से बुद्धि नष्ट हो जाती है। सभी ग्रन्थ्रियों को नष्ट कर देती है। अगर शराब के नशे में प्राण, अपान संयुक्त करेगें तो बिमारियों होने का पूर्ण खतरा है।

प्राण वायु के दशों नाम - अथर्ववेद की भावनोपनिषद

प्राण वायु के दशों नाम - अथर्ववेद की भावनोपनिषद - श्लोक 1 से

प्राणापानव्यानोदानसमाननागकूर्मकृकरदेवदत्तधनंजया इति दश वायवः। सर्वसिद्धिप्रदा देव्यो
बहिर्दशारगा देवताः। एतद्वायुदशकसंसर्गोपाधिभेदेन रेचकपूरकशोषकदाहकप्लावका
अमृतमिति प्राणमुख्यत्वेन पञ्चविधोऽस्ति। क्षारको दारकः क्षोभको मोहको जृम्भक
इत्यपालनमुख्यत्वेन पञ्चविधोऽस्ति। तेन मनुष्याणां मोहको दाहको
भक्ष्यभोज्यलेह्यचोष्यपेयात्मकं चतुर्विधमन्नं पाचयति।

हिंदी अर्थ: प्राण- अपान- उदान- समान- व्यान- नाग- कूर्म- कृकर- देवदत्त- धनञ्जय - ये दस प्राण सर्वसिद्धिप्रदा आदि देवियाँ बाह्म दशार देवता हैं। इन दस वायुओं के सम्पर्क एवं उपाधि भेद से रेचक- पूरक- शोषक- दाहक- प्लावक - ये अमृतस्वरूप प्राण मुख्यतः पाँच प्रकार के हैं। मानवों के मोहक एवं दाहक होते हुए चबाये जाने वाले, चाटे जाने वाले, चूसे जाने वाले तथा पिये जाने वाले इन चारों प्रकार के अन्नों को पचाते हैं।

सावधानी

प्राण इस शरीर के भीतर से उत्पन्न होता है - यह हम पहले ही बता चुके हैं। हमारे शरीर में जो प्राण वायु अथवा प्राण है उसी के माध्यम से हम परमात्मा तक पहुँच सकते है। उसी प्राण को आयाम देकर अथवा उसको बढ़ा-बढ़ा कर- विधिवत प्राणायाम कर कर हम परम-पिता परमात्मा के दर्शन कर सकते हैं। इसी के विपरीत तीव्र वेग वाली जो श्वास की क्रियाएं हैं जैसे कपालभाति- भस्त्रिका- सुदर्शन क्रिया आदि- इन तीव्र वेग की क्रियाओं से प्राण को बाहर धकेला जाता है। प्राण वायु जो हमे परमात्मा का साक्षात्कार करने के लिए आवश्यक होता है- पूरी तरह से बाहर निकल जाने पर हमारे शरीर को किसी काम का नहीं छोड़ता। प्राणहीन हो जाने पर शुन्य की प्राप्ति होती है और शुन्य की उपासना करना मूढ़ता (मूर्खता) का लक्षण है। आप स्वयं ही विचार कीजिए कि यदि हम आत्मसाक्षात्कार करने के साधन अर्थात प्राण वायु को ही बाहर धकेलने अर्थात धक्के-पर-धक्का मारने का काम करते है तो हम आत्मघाती कैसे नहीं हुए? स्वयं के लिए ही घात उत्पन्न करने वाली क्रियाओं को करने-करवाने वाले लोग ना केवल स्वयं पर अपितु पुरे विश्व पर घात यानि हिंसा करते है। इसलिए प्राणायाम के नाम पर (भ्रम से उत्पन्न हुई) विकृत क्रियाओं से सावधान रहें- सचेत रहें और इनसे दूरी बनाए। सम्पूर्ण विश्व को कपालभाति- भस्त्रिका- सुदर्शन क्रिया आदि से होने वाली हत्याओं से बचा लीजिये।

अब हम विधिवत प्राणायाम की बात करते हैं। विधिवत प्राणायाम करने से क्या होता है? सहित कुम्भक से हमारे शरीर में जितनी ग्रंथियाँ है उनमें सुचारु रूप से प्राणों के संचार हेतु, हमारी ग्रंथियों की महीन से महीन नाड़ियों की भी सफाई हो जाती है जिससे हमारा शरीर पूर्णतया स्वस्थ हो जाता है। प्राणायाम से मानसिक और शारीरिक सभी बीमारियों का नाश होता है। विधिवत प्राणायाम करते है तो आरोग्य प्राप्ति होती है और फिर परमात्मा प्राप्ति भी होती है। लेकिन यदि हम प्राणायाम के सैद्धांतिक रूप बिना जाने अर्थात विधिविहीन प्राणायाम करने का प्रयास करते है- कुंभक को नकार देते है अथवा हमारी प्राण वायु को बाहर धकेलने का कार्य करते हैं तो हम जाने-अनजाने में सभी मानसिक व शारीरिक बिमारियों को अपने शरीर में प्रवेश करने का आमंत्रण दे देते हैं। प्राण ही तो हमारे शरीर की रक्षा करता है और हमें मृत्यु से भी बचाता है। रक्षक-हीन हो जाने पर यह शरीर असुरक्षित हो जाता है। योग का उद्देश्य तो प्राण वायु को बढ़ाना है - प्राण वायु को बढ़ा-बढ़ा कर परमात्मा तक पहुँचाना है। वेदों का यहीं आदेश है। योगानुसार परमात्मा प्राप्ति का मार्ग भी तब ही खुलता है जब हम पूर्णतया स्वस्थ हो जाते हैं। पूर्णतया स्वस्थ तब ही हो पाते है जब हम विधिवत प्राणायाम पूर्ण कर लेते हैं। और विधिवत प्राणायाम तब ही कर सकते हैं जब हम नाड़ीशोधन पूर्ण कर लेते हैं।

गादी पति ओमकारी मढ़ी महंत गंगा गिरि जी महाराज के संग दि० प्रताप गिरि निरंजनी अखाडा

थानापति दिगम्बर सुधीर गिरि जी, वर्त्तमान थाना प्रभार - निरंजनी अखाडा, हरिद्वार

विधि - विहिन प्राणायाम

सावधानी

प्राणवायु हमारे शरीर में हृदयाकाश में ब्रह्म से उत्पन्न होती है। जब हम श्वास को निकालते हैं वह प्राण वायु कहलाती है। जब हम श्वास शरीर के अंदर भरते हैं वह अपान वायु कहलाती है।

कपालभाति, भस्त्रिका, सुदर्शन क्रिया व अन्य तीव्र वेग वाली क्रियाओं द्वारा प्राण वायु को शरीर से बाहर फ़ेंक देना परमात्मा को बाहर फ़ेंक देने के तुल्य है क्योंकि प्राण वायु द्वारा ही परमात्मा तक पहुँचा जाता है।

प्राण वायु ही हमारे शरीर की रक्षा करता है इसलिए कपालभाति, भस्त्रिका, सुदर्शन क्रिया व अन्य तीव्र वेग वाली क्रियाओं द्वारा प्राण वायु को बाहर फ़ेंक देने से विभिन्न प्रकार के रोग (मानसिक व शारीरिक) हमारे शरीर में प्रवेश कर जाते हैं।

ऋषियों ने प्राणायाम की खोज करते समय प्राणायाम का भी अलग से क्रम बनाया। प्राणायाम का क्रम तोड़कर प्राणायाम करना मौत को बुलावा देना है। यम-नियम-आसन-नाड़ीशोधन-प्राणायाम (यजुर्वेद की त्रिशिखीब्रह्मणोपनिषद में प्राणायाम का क्रम)। उपनिषदों ने प्राणायाम की विधि बताई है। गीता और पुराणों में भी इसकी विधि मिलती है।

हमें वेदों में बताई विधि के अंनुसार ही प्राणायाम करना चाहिए। गलत विधि से प्राणायाम करने से लाभ की जगह हानि ही होगी।

अयुक्ति या विधिविहिन प्राणायाम

विधिविहिन प्राणायाम शरीर को रोगों का घर बना देता है

विधिवत किया गया प्राणायाम या युक्ति से किया गया प्राणायाम सब रोगों का नाश करता है लेकिन ध्यान रहे, वेदों और शास्त्रों ने कहा है कि बिना युक्ति या बिना विधि के किये गए प्राणायाम से यह शरीर रोगों का घर बन जारा है। यह रहे दुसरे भाग के आधे श्लोक -

(1) प्राणायाम वियुक्तेभ्यः सर्वरोगसमुद्भवः।।116।। - (सामवेद की योगचुड़ामण्युपनिषद)

(2) अयुक्ताभ्यासंयोगेन सर्वरोगस्य संभवः।।18।। - (गोरक्ष संहिता)

(3) अयुक्ताभ्यासंयोगेन सर्वरोगसमुद्भवः।।16।। - (हठयोग प्रदीपिका)

हिंदी अर्थ तीनों श्लोकों का एक ही है - अयुक्ति या विधिविहीन प्राणायाम करने से यह शरीर मानसिक व शारीरिक बिमारियों का घर बन जाता है।

आगे पढ़े - वेदों में विधि विहीन प्राणायाम करने से मृत्यु-तुल्य परिणाम

विधि विहीन प्राणायाम करने का फल -

वेदों में बताई प्राणायाम की विधि का पालन नहीं करते हो तो नाना प्रकार की बीमारियां इस शरीर में घर गढ़ लेती है।

यथा सिंहो गजो व्याघ्रो भवेद्वश्य शनैः शनैः।

तथैव सेवितो वायुरन्यथा हन्ति साधकम्।।118।।

(सामवेद की योगचुड़ामण्युपनिषद का 118वां श्लोक)

यथा सिंहो गजो व्याघ्रो भवेद्वश्य शनैः शनैः।

तथैव सेवितो वायुरन्यथा हन्ति साधकम्।।16।।

(अथर्ववेद की शाण्डिल्योपनिषद का 6वां श्लोक)

यथा सिंहो गजो व्याघ्रो भवेद्वश्य शनैः शनैः।

तथैव सेविता वायुरन्यथा हन्ति साधकम्।।19।।

(गोरक्ष संहिता का 19वां श्लोक)

यथा सिंहो गजो व्याघ्रो भवेद्वश्य शनैः शनैः।

तथैव सेवितो वायुरन्यथा हन्ति साधकम्।।18।।

(हठयोग प्रदीपिका का 5वां श्लोक)

चारों श्लोकों का हिंदी भावार्थ:-

जैसे सिंह, हाथी, ब्याघ्र आदि जंगली जानवरों को धीरे-धीरे (पुचकार कर या प्रेम से) तो बस में किया जा सकता है लेकिन जल्दबाजी (अर्थात पुचकारने की प्रक्रिया जल्दी-जल्दी और जोर से की जाए तो वे और अशांत होंगे और अशांत होने से वे) पालक को ही मार डालते हैं। वैसे ही वायु को धीरे - धीरे तो वश में किया जा सकता हैं लेकिन जल्दी बाजी करने से साधकों को ही मार डालती है।

वेद और शास्त्र कहते है कि गलत विधि से किया गया प्राणायाम मृत्यु तुल्य बीमारियाँ देता है।

विधिविहीन प्राणायाम से होने वाली बीमारिया -

विधिविहीन प्राणायाम से होने वाली बीमारियाँ निम्न प्रकार है -

हिक्का कासस्तथा श्वासः शिरः कर्णाक्षिवेदनाः।

भवन्ति विविधा रोगाः पवनव्यत्य्यक्रमात्।।117।।

- सामवेद योगचुड़ामण्युपनिषद

हिक्का कासस्तथा श्वासः शिरः कर्णाक्षिवेदनाः।

भवन्ति विविधा रोगाः पवनस्य व्यतिक्रमात्।।18।।

- गोरक्ष संहिता

हिक्का श्वासश्च कासस्यः शिरः कर्णाक्षिवेदनाः।

भवन्ति विविधाः रोगाः पवनस्य प्रकोपतः।।17।।

- हठयोग प्रदीपिका

इन तीनों श्लोकों का हिंदी अर्थ एक जैसा ही है -

हचकी, खाँसी व दमा तथा सर में पीड़ा होकर दिमाग काम करना बन्द कर देता है, और कानों में पीड़ा होकर बहरापन तथा आँखों में पीड़ा होकर अन्धापन आ जाता है और ये सब बीमारियाँ वायु के विकृत हो जाने पर वायु के प्रकोप के कारण शरीर में उत्पन्न होने लगती हैं।

छात्र-छात्राओं को भैरव-आसन एवं धनुर-आसन का अभ्यास करवाते हुए

अर्ध-मत्स्येन्द्र आसन का अभ्यास करते हुए सांझरिया साई होराइजन स्कूल की छात्राएं

सम्पूर्ण विश्व के लिए योग की अपील

गाय और गंगा, वेद और योग, कृषक और कन्या

हमारे प्राचीन ऋशि मुनियों का कहना है कि गाय और गंगा, वेद और योग-विद्या, कृषक और कन्या इनकी रक्षा ही हमें संसार में अग्रणी लेकर जायेगी।

गाय - गाय माता इसलिए कि नारी और गाय 9 महिने में बच्चे को जन्म देती हैं तथा गाय और हमारी माता का दूध गुणों में बराबर है, इसलिए गौ माता कहलाती है।

गंगा - गंगा जल नहीं अमृत कहलाता है।

वेद - भारत की पहचान है। वेद भारत हमें परमात्मा का ज्ञान कराते है। वेद ब्रह्माजी की वाणी है।

योग - योग दर्शन परमात्मा तक पहुंचने का एक मार्ग है, पूर्ण तथा मानसिक व षारीरिक रूप से स्वस्थ होकर ही योग में प्रवेष कर सकता है। महर्षि घेरण्ड जी ने कहा है कि योग समान बल नहीं है माया के समान कोई पाप नहीं (अज्ञान को माया बोला गया है), ज्ञान के समान कोई बन्धु नहीं, और अहंकार के समान कोई शत्रु नहीं।

कृषक यानि किसान - अन्न को वदों और शास्त्रों में एक स्थिति में अन्न ही ब्रह्म कहा गया है। अन्न को पैदा करने वाला होता है किसान तब अन्न की सृश्टि करता हुआ किसान के द्वारा अन्न मिलते हैं, तेल मिलता है, घी मिलता है। ये सब मसाले, तेल, गेहूं, दाले सब कुछ मीलों में चला जाता है। वहाँ मिलावट के अधिकता रहती है। गांव-गांव में सोसायटी बनाकर दस-दस सब तरह की छोटी-छोटी चक्कियाँ, घाणियाँ लगवा कर सम्पूर्ण भारत को शुद्ध भोजन दिया जा सकता है। बेरोजगार किसान को रोजगार मिलेगा ये कार्य जो बड़े पैसे वाले हैं, वो गांव-गांव जाकर मदद कर सकते हैं या सरकार इस कार्य में मदद कर सकती है। जो भी कोई भी इस कार्य को गांव-गांव शुरू करवायेगा उसको मैं मेरी सामर्थ्य के अनुसार भगवान से प्रार्थना करूंगा कि ऐसे व्यक्ति को कभी संकट, मुसीबत और परेशानी नहीं आये।

कन्या: भारतीय संस्कृति व ज्ञान का पोशण कन्या के नारी रूप द्वारा संभव है। कृषक का अन्न ब्रह्मत्व, कन्या व नारी के द्वारा सम्भव है। अतः स्वस्थ कन्या का होना अति आवश्यक है। और योग विद्या व शिक्षा को कन्या को उपलब्ध करवा कर उसके परिवार व समाज का उत्थान हो सकेगा। अतएव मेरे जीवन का प्रथम उद्देष्य योग द्वारा स्वस्थ "कन्या" युक्त समाज बनाना है।

- स्वामि बालेन्दु गिरि

सर्वोत्कृश्ट ब्रह्मज्ञानी का फैंसला

विदेह राजा जनक ने एक महान दक्षिणा देने वाला आयोजन किया और उसमें पांचाल और कुरू प्रदेषों के बहुत से विद्वान ब्राह्मण इकट्ठे हुए। राजा को यह जानने की इच्छा हुई की इन विद्वानों से पूंछा कि आपमें सबसे बड़ा बहमज्ञानी कौन है? और साथ ही कहा कि मैंने अपनी गौ-षाला से 1000 गायों के सिंगों में दस-दस पाद (अभी का लगभग 100 ग्राम) सोना बंधवा दिया है, जो सबसे बड़ा ब्रहमज्ञानी होगा वह इन गायों को ले जायें।

इस पर महर्षि याज्ञवलक्य ने अपने षिश्य सामण्वा से कहा कि गायों को हांक लो, इस पर बहुत से विद्यवान क्रोधित हुए और कहा कि हमसे सर्वश्रेश्ट ब्रहमनिश्ठ कैसे समझ लिया, इस पर सभी विद्यवानों ने याज्ञवलक्य जी से बारी-बारी से पूंछा और सब हार मानते गये। अन्त में बचकन्वी सुता गार्गी जो सबसे महान विदुशी थी, उसने पूंछा और सही उत्तर पाकर फैंसला सुना दिया कि हे पूजनीय विद्यवानों महऋशि याज्ञवलक्य जी से नमस्कार करके ही पीछा छूट जाये तो बहुत है, क्योंकि आप में से किसी भी ब्रहमज्ञानी के लिए इन्हें जीत सकना सम्भव नहीं है। इसके बाद गार्गी चुप हो गई और उसके निर्णायक फैंसले को सभी विद्वानों ने स्वीकार किया। इस तरह गार्गी ब्रहमज्ञानियों का फैंसला करती थी।

पहले शास्त्र - फिर कुछ और।

यजुर्वेद की योगतत्वोपनिषद का कहना है:-

योगहीनं कथं ज्ञानं मोक्षदं भवति ध्रुवम्।

योगो हि ज्ञानहीनस्तु ने क्षमो मोक्षकर्मणि।

अर्थात:- बिना योग के मोक्ष प्रदान करने वाला ज्ञान कहीं नहीं मिल सकता। केवल योग से भी ज्ञान के अभाव में मोक्ष नहीं प्राप्त होता।

- दिगम्बर प्रताप गिरि

योग शुरू करने से पहले शास्त्र साधना के सम्बन्ध में वेदों का निर्देश

योग दर्शन में 'शास्त्र ज्ञान गुरू' व 'व्यावहारिक योग गुरू' दोनों ज्ञान एक ही गुरू के सानिध्य में संभव है, तभी योग की सही जानकारी प्राप्त कर सकेंगे।

सच्चा व सही योग प्राप्ति के लिये हमें योग के सैद्धान्तिक पक्ष (भाषा, लिखित) के मूल में जाना होगा। तभी योग का व्यावहारिक पक्ष (प्रायौगिक च्तंबजपबंस) सच्चा व सही होगा।

कृष्ण यजुर्वेद की योगकुण्डल्योपनिशद के द्वितीयय अध्याय का दसवां श्लोक कहता हैः-

शास्त्रं विनापि संबोद्धुं गुरवोऽपि न शक्रयुः।

तस्मात्सुदुर्लभरतं लभ्यं शास्त्रंमिदं मुने।। 10 ।।

यावन्न लभ्यते शास्त्रं तावदां पर्यटेद्यतिः।

यदा संलभ्यते शास्त्रं तदा सिद्धि करें स्थिता।। 11 ।।

हिन्दी अर्थः शास्त्र ज्ञान के बिना गुरू भी ज्ञान प्राप्त नहीं करा सकते (क्योंकि गुरू जी भी शास्त्रं ज्ञान से ही गुरू जी बने है) और शास्त्र ज्ञान प्राप्त करना अत्यन्त दुर्लभ है।

हिन्दी अर्थ:- साधक को चाहिए कि जब तक 'शास्त्र' की प्राप्ति न हो जाए, तब तक धरती पर घूम-घूम कर उसे ढूँढ़ना चाहिए। सच्चा शास्त्र-ज्ञान प्राप्त हो जाने पर हाथों-हाथ सिद्धि प्राप्त हो जाती है।।11।।

इसलिए प्रमाणिक पाठ्यक्रम योग जानने के कि लिए अति आवश्यक है।

श्रीमद्भगवद्गीता के बाद विश्व का सबसे प्रामाणिक योग शास्त्र आप पढ़ रहे है। इस शास्त्र को प्राप्त करना अपने आप में एक बहुत बढ़ी सिद्धि है - उपलब्धि है। वेदों में, गीता में, महारामायण (योगवशिष्ठ) में, पुराणों में एवं अन्य वैदिक ग्रंथों ने प्राणायाम को एक जैसा बताया है। इस प्राणायाम को समझ लेने पर ईश्वर प्राप्ति दूर नहीं। मै सन् 1996 से परमहंस परिव्राजक स्वामि बालेंदु गिरि जी के सानिध्य में योगाध्ययन, योगाभ्यास, योगानुसन्धान कर रही हूँ।

- सरिता राणा

श्रीमद् भगवद् गीता में प्राणायाम

श्रीमद् भगवद् गीता में प्राणायाम (शांकर भाष्य)

श्रीमद् भगवद् गीता - अध्याय 4 -श्लोक न० - 29 (शांकर भाष्य)

अपाने जुह्वति प्राणं प्राणेऽपानं तथापरे।

प्राणापानगती रुद्ध्वा प्राणायामपरायणाः॥29 ॥

हिंदी अर्थ:- योगीजन अपानवायु का प्राणवायु में हवन करते हैं, वैसे ही अन्य योगीजन प्राणवायु का अपानवायु में हवन करते हैं तथा नियमित आहार करते हुए प्राणायाम परायण होकर वे प्राण वायु और अपान वायु की गति रोककर प्राणों में प्राणों का हवन किया करते है। ये सभी साधक यज्ञो द्वारा पापों का नाश कर देनेवाले और यज्ञों को जानने वाले होते है।

शांकर भाष्य:-

अपाने अपानवृत्तो जुह्वति प्रक्षिपन्ति प्राणं प्राणवृत्तिं प्राणायामं कुर्वन्ति इत्यर्थः। प्राणे अपानं तथा अपरे जुह्वति रेचकाख्यं च प्राणायामं कुर्वन्ति इति एतत्। प्राणापानगती मुखनासिकाभ्यां वायोः निर्गमनं प्राणस्य गतिः तद्विपर्ययेण अद्योगमनम् अपानस्य ते प्राणापानगती एते रुद्ध्वा निरुध्य प्राणायामपरायणाः प्राणायामतत्पराः कुम्भकाख्यं प्राणायामं कुर्वन्ति इत्यर्थः।।29।।

हिंदी अर्थ:- अपानवायु का प्राणवायु में हवन करते हैं अर्थात् पूरक नामक प्राणायाम किया करते हैं। वैसे ही अन्य कोई प्राण का अपान में हवन करते हैं अर्थात् रेचक नामक प्राणायाम किया करते हैं। मुख और नासिका के द्वारा वायु का बाहर निकलना प्राण की गति है और उसके विपरीत (पेट में) नीचे की ओर जाना अपान की गति है। उन प्राण और अपान दोनों की गतियों को रोककर कोई अन्य लोग प्राणायाम-परायण होते हैं अर्थात् प्राणायाम में तत्पर हुए वे केवल कुम्भक नामक प्राणायाम किया करते हैं।।29।।

प्राणायाम

श्रीमद् भगवद् गीता - अध्याय 4 -श्लोक न० - 30 - शांकर भाष्य

अपरे नियताहाराः प्राणान्प्राणेषु जुह्वति।

सर्वेऽप्येते यज्ञविदो यज्ञक्षपितकल्मषाः ॥30॥

शांकर भाष्य:-

अपरे नियताहारा नियतः परिमित आहारो येषां ते नियताहाराः सन्तः, प्राणान् वायुभेदान् प्राणेषु एव जुह्वति। यस्य यस्य वायोः जयः क्रियते इतरान् वायुभेदान् तस्मिन् तस्मिन् जुह्वति ते तत्र प्रविष्टा इव भवन्ति। सर्वे अपि एते यज्ञविदो यज्ञक्षपितकल्मषा यज्ञैः यथोक्तैः क्षपितो नाशितः कल्मषो येषां ते यज्ञक्षपितकल्मषाः।।30।।

हिंदी अर्थ:-

अन्य कितने ही नियताहारी अर्थात् जिनका आहार नियमित किया हुआ है ऐसे परिमित भोजन करनेवाले प्राणों को यानी वायुके भिन्न-भिन्न भेदों को प्राणों में हवन किया करते हैं। भाव यह है कि वे जिस-जिस वायु को जीत लेते हैं उसीमें वायुके दुसरे भेदों को हवन कर देते हैं यानी वे सब वायु-भेद उसमें विलीन से हो जाते हैं। ये सभी पुरुष यज्ञों को जाननेवाले और यज्ञोंद्वारा निष्पाप हो गये होते हैं। अर्थात् उपर्युक्त यज्ञोंद्वारा जिनके सब पाप नष्ट हो गये हैं, वे 'यज्ञक्षपितकल्मष' कहलाते हैं।।30।।

श्रीमद् भगवत गीता में प्राणायाम का महातम्य

प्राणायाम को दंडवत प्रणाम। सभी पापों से मुक्त करा देता है प्राणायाम - भगवद्गीता के माहात्म्य का श्लोक न॰ 2-

गीताध्ययनशीलस्य प्राणायामपरस्य च।

नैव सन्ति हि पापानि पूर्वजन्मकृतानि च।।2।।

हिंदी अर्थ:- जो गीता का अध्ययन करता है और प्राणायाम में परायण रहता है उसके इस जन्म और पूर्व जन्म के समस्त पाप निसंदेहः नष्ट हो जाते है।

श्रीमद्भगवत गीता का पांचवा अध्याय

श्लौक न॰ 27वा। यह प्राणायाम है

स्पर्शान्कृत्वा बहिर्बाह्यांश्चक्षुश्चैवान्तरे भ्रुवोः।

प्राणापानौ समौ कृत्वा नासाभ्यंतरचारिणौ।।27।।

हिंदी अर्थ:- बाहर के विषय भोगों को बाहर ही निकालकर और नेत्रों की दृष्टि को भ्रुकुटि के मध्य में नासिका में विचरनेवाले प्राण वायु और अपान वायु को सम (एक) करते है।

श्रीमद्भगवद्गीता - अध्याय - 15 - में प्राणायाम

श्लोक 14

अहंवैश्वानरो भूत्वा प्राणिनां देहमाश्रितः।

प्राणापानसमायुक्तः पचाम्यन्नं चतुर्विधम्।।

हन्दी अर्थ:- मैं ही सब प्राणियों के शरीर में स्थित रहने वाला प्राण और अपान से संयुक्त वैश्वानर अग्निरूप होकर चार प्रकार के अन्न हो पचाता हूं।

योग

योग के आठ सोपान है पहला यम, नियम, आसन, प्राणायाम, प्रत्याहार, धारणा, ध्यान, समाधि। इनमें प्राणायाम मुख्य है। इन सभी के द्वारा "चित्त वृति" का निरोध होता है। "चित्त वृति" के निरोध के बाद ही निर्विकार समाधि लगती है यही दर्शन है यानी योग दर्शन कहलाता है।

योग क्यों आवश्यक है

शिव महापुराण में अध्याय 37 - वायवीय संहिता (उत्तर खण्ड)

श्री कृष्ण उवाच

ज्ञाने क्रियायां चर्यायां सारमुद्धत्य संग्रहात्। उक्तं भगवता सर्वं श्रुतं श्रुतिसमं मया।।1।।

इदानीं श्रोतुमिच्छामि योगं परमदुर्लभम्। साधिकारं च साङ्ग. च सविधिं सप्रयोजनम्।।2।।

यद्यस्ति मरणं पूर्वं योगाद्यनुपमर्दतः। सद्यः साधयितुं शक्यं येन स्यान्नात्महानरः।।3।।

तच्च तत्कारणं चैव तत्कालकरणानि च। तभ्देदतारतम्यं च वक्तुमर्हसि तत्त्वतः।।4।।

श्री कृष्ण ने कहा -

भगवन्! आपने ज्ञान, क्रिया और चर्या का संक्षिप्त सार उद्धृत करके मुझे सुनाया है। यह सब श्रुति के समान आदरणीय है और इसे मैंने ध्यानपूर्वक सुना है।।1।। अब मैं अधिकार, अंग, विधि और प्रयोजनसहित परम दुर्लभ योग का वर्णन सुनना चाहता हूँ।।2।।

यदि योग आदि का अभ्यास करने से पहले ही मृत्यु हो जाय तो मनुष्य आत्मघाती होता है अतः आप योग का ऐसा कोई साधन बताइये, जिसे शीघ्र सिद्ध किया जा सके, जिससे कि मनुष्य को आत्मघाती न होना पड़े। योग का वह अनुष्ठान, उसका कारण, उसके लिये उपयुक्त समय, साधन तथा उसके भेदों का तारतम्य क्या हैं?।।3-4।।

उपमन्युरूवाच

स्थाने पृष्टं त्वया कृष्ण सर्वप्रश्नार्थवेदिना। ततः क्रमेण तत्सर्वं वक्ष्ये श्रृणु समाहितः।।5।।

उपमन्यु बोले -

श्रीकृष्ण! तुम सब प्रश्नों के तारतम्य के ज्ञाता हो। तुम्हारा यह प्रश्न बहुत ही उचित है, इसलिये मैं इन सब बातों पर क्रमशः प्रकाश डालूँगा। तुम एकाग्रचित्त होकर सुनो।।5।।

अब मैं योग आदि का अभ्यास करना चाहता हूँ क्योंकि योग का अभ्यास किये बिना ही अगर मृत्यु हो जाती है तो वह आत्मघाती होता है।

इसलिए देखें:- ध्यान रहे योग का चौथा सोपान प्राणायाम है। इसलिए भी प्राणायाम जरुरी है। पहले प्राणायाम को समझे फिर प्राणायाम करें।

यह अंतिम प्राणायाम है

कैवल कुम्भक प्रकरण

कैवल कुम्भक प्रकरण

अब अंतिम प्राणायाम के स्तर

(1) अंतिम प्राणायाम का पहला स्तर - "सहित कुम्भक"

(2) अंतिम प्राणायाम का दूसरा स्तर - "कैवल कुम्भक"

नाड़ीशोधन पूर्ण होने के बाद सहित कुम्भक का अभ्यास करना चाहिए। सहित कुम्भक में रेचक, पूरक के साथ अभ्यास पूर्ण होने पर "कैवल कुम्भक" का अभ्यास करना चाहिए।

"कैवल कुम्भक" में रेचक, पूरक वर्जित है। इसलिए "कैवल कुम्भक" को पूर्ण रूप से प्राणायाम कहते हैं।

अथर्व वेद की शाण्डिल्योपनिषद में "कैवल कुम्भक"

अध्याय - पहले में खंड - सप्तम -में श्लोक - 13 - 5 में प्राणायाम -

शांडिल्य जी ने "कैवल कुम्भक" को ही प्राणायाम कहा है।

अब शाण्डिल्योपनिषद में - "कैवल कुम्भक" के सम्बन्ध में अथर्व वेद की शाण्डिल्योपनिषद का कहना है --

अथ कुम्भकः। स द्विविधः सहित केवलश्चेति। रेचकपूरकयुक्तः सहितः। तद्विवर्जितः केवलः। केवलसिद्धिपर्यन्तं सहितमभ्यसेत्। केवलकुम्भके सिद्धे त्रिषु लोकेषु न तस्य दुर्लभं भवति। केवल कुम्भाकात्कुण्डलिनीबोधो जायते।। 13 - 5 ।।

अब कुम्भक के सन्दर्भ में कहते हैं, उसके दो भेद है - (1) सहित (2) कैवल। रेचक तथा पूरक से जो संयुक्त हो, उसे सहित और उनसे जो रहित हो, वह कैवल है। इसमें से कैवल जब तक सिद्ध न हो, तक तक सहित का अभ्यास करते रहना चाहिए और जब "कैवल कुम्भक" सिद्ध हो जाता है, तब योगी को तीनों लोकों में कुछ भी दुर्लभ नहीं रहता। "कैवलकुम्भक" के द्वारा कुण्डलिनी जागृत हो जाती है।। 13 - 5 ।।

सामवेद की जाबाल-दर्शनोपनिषद में "कैवल कुम्भक"

रेचक, पूरक से मुक्त निर्विचार "कैवल कुम्भक"

यहीं "कैवल कुम्भक" पातञ्जल योग दर्शन के साधन पाद का 51वां सूत्र - बाह्‌माभ्यान्तरविषयाक्षेपी चतुर्थः - 51

"कैवल कुम्भक" - यह रेचक, पूरक से मुक्त है तथा "कैवल कुम्भक" में किसी भी विषय का प्रवेश नहीं है।

जाबाल दर्शनोपनिषद - सामवेद - खण्ड - 6 - श्लोक - 16-17-18

प्राणायामेन चितं तु शुद्धं भवति सुव्रत।

चिते शुद्ध शुचिः साक्षात्प्रत्यग्ज्योति र्व्यवस्थितः।।16।।

प्राणच्श्रित्तेन संयुक्तः परमात्मनि तिष्ठति।

प्राणायामपरस्यास्य पुरूषस्य महात्मनः।।17।।

देहच्श्रत्तिष्ठेते तेन किंचिज्ज्ञानाद्विमुक्ता।

रेचकं पूरकं मुक्त्वा कुम्भकं नित्यमभ्यसेतु।।18।।

हिन्दी अर्थः- हे सुव्रत! प्राणायाम के द्वारा चित पवित्र हो जाता है एवं उस पवित्र चित्त में प्रकाशस्वरूप शुद्ध आत्म तत्व का धीरे-धीरे साक्षात्कार होने लगता है। प्राणायाम में सदा रत रहने वाले श्रेष्ठ पुरूष का प्राण चित्त के साथ संयुक्त होकर परमात्मा में स्थित हो जाता है और उसका शरीर क्रमशः धीरे-धीरे ऊपर को उठने लगता है।।16-17।। इस प्राणायाम से ज्ञान को प्राप्त करके वह मोक्ष प्राप्त कर लेता है। रेचक एवं पूरक से मुक्त होकर विशेष रूप से कुम्भक का ही प्रतिदिन अभ्यास करना चाहिए।।18।।

कृष्ण यजुर्वेद की योगतत्वोपनिषद् में "कैवल कुम्भक"

इस उपनिषद् में निर्विकार "कैवल कुम्भक" दिया है। यह कुम्भक रेचक, पूरक से मुक्त है। इसीलिए यह "कैवल कुम्भक" निर्विकार कुम्भक है।

कृष्ण यजुर्वेद की योगतत्वोपनिषद् श्लोक नं. - 50-51

यथेष्टधारणाद्वायोः सिध्येत्केवलकुम्भकः।

केवले कुम्भके सिद्धे रेचपूरविवर्जिते।।50।।

न तस्य दुर्लभं किंचित्त्रषु लोकेषु विद्यते।

प्रस्वेदो जायते पूर्वं मर्दनं तेन कारयेत्।।51।।

हिन्दी अर्थः- यथेष्ट वायु धारण कर सकने के उपरान्त केवल कुम्भक सिद्ध हो जाता है और तब रेचक और पूरक का परित्याग कर देना चाहिए।।50।। (ऐसा कर लेने के बाद) फिर उस (श्रेष्ठ) योगी के लिए तीनों लोकों में कभी कुछ भी दुर्लभ नहीं रहता। अभ्यास के समय जो पसीना निकले, उसे अपने शरीर में ही मल लेना चाहिए।।51।।

शुक्ल यजुर्वेद की त्रिशिखिब्राह्मणोपनिषद में "कैवल कुम्भक"

"कैवल कुम्भक" ही प्राणायाम कहलाता है।

त्रिशिखिब्राह्मणोपनिषद् - वेद - शुक्ल यजुर्वेद -

मंत्र भाग - 2 - श्लोक नं. 108

रेचकं पूरकं मुक्त्वा कुंभकरणमेव यः।

करोति त्रिषु कालेषु नैव तस्यास्ति दुर्लभम्।।108।।

हिन्दी अर्थ:- जो योगी रेचक एवं पूरक से मुक्त होकर एक मात्र कुम्भक ही करने में तत्पर हो जाता है, उसके लिए तीनों कालों में कुछ भी दुर्लभ नहीं रहता।।108।।

कृष्ण यजुर्वेद की ब्रह्मविद्योपनिषद में "कैवल कुम्भक"

रेचक और पूरक से मुक्त "कैवल कुम्भक" कहलाता है।

"कैवल कुम्भक" को ही प्राणायाम कहते है।

ब्रह्मविद्योपनिषद - कृष्ण यजुर्वेद -

श्लोक न० 20 से 24 तक

नभस्थं निष्कलं ध्यात्वा मुच्यते भवबन्धनात।
अनाहतध्वनियुक्तं हंसं यो वेद हृदयतम।।20।।
स्वप्रकाशचिदानन्दं स हंस इति गीयते।
रेचकं पूरकम मुक्त्वा कुम्भकेन स्थितः सुद्धिः।।21।।
नाभिकन्दे समौ कृत्वा प्राणापानौ समाहितः।
मस्तकस्थामृतास्वादं पीत्वा ध्यानेन सादरम।।22।।
दीपाकारं महादेवं ज्वलन्तं नाभिमध्यमे।
अभिषिच्यामृतनैव हंसहंसोति यो जपेत।।23।।
जरामरणरोगादि न तस्य भुवि विद्यते।
एवं दिने दिने कुर्यादणिमादिविभूतये।।24।।

हिंदी अर्थ:- आकाश में स्थित निष्कल तत्त्व का चिंतन करता हुआ, वह भव-बंधन से मुक्त हो जाता है। जो पुरुष हृदय में स्थित इस अनाहत धवनि युक्त, प्रकाशयुक्त, चिदानंद हंस को जानता है, वह हंस कहा जाता है। जो ज्ञानी पुरुष रेचक और पूरक को त्याग करके कुम्भक में स्थित होकर प्राण एवं अपान को एक करके मस्तक में प्रतिष्ठित अमृत को ध्यानपूर्वक आदर सहित पीता है तथा जो नाभि के मध्य में दीपक की तरह सुप्रकाशित महादेव पर अमृत का सिंचन करता हुआ हंस-हंस का जप करता है, उसे पृथ्वी पर निवास करते हुए जरा, मरण, रोग आदि विकार नहीं होते तथा वह अणिमादि सिद्धियों-विभूतियों का अधिकारी हो जाता है।।20-24।।

पातञ्जल योगदर्शन में प्राणायाम

"कैवल कुम्भक" (निर्विकार) - चौथा स्तर

पातञ्जल योग दर्शन के साधन पाद का 50वा सूत्र, इसे ही सूत्रकार ने चौथा प्राणायाम कहा है।

वेदों ने शास्त्रों ने इसे "कैवल कुम्भक" कहा है।

इसी कैवल कुम्भक में, इससे ही लम्बे समय के लिए समाधि लगती है, वहीं निर्बीज, निर्विकार, असम्प्रज्ञात समाधि भी लगती है। यह रहा वह सूत्र -

बाह्याभ्यन्तरविषयाक्षेपी चतुर्थः ॥51॥

अर्थात:- "सहित कुम्भक" का अभ्यास करते-करते यह अपने आप होने लगता है। जैसे श्वास अपने आप ही शरीर के अन्दर भरा जाता है और निकल जाता है। वैसे ही यह "कैवल कुम्भक" अपने आप होने लगता है। इसमें अँगुलियों व बंधों की ज़रूरत नहीं पड़ती है। इसमें किसी विषय का अतिक्रमण नहीं होता है। क्योंकि इसमें दशों प्राणवायु संयुक्त होकर प्रधान प्राण वायु बन जाती है। और प्राणवायु में फूलों में सुगंध की तरह परमात्मा वास करता है।

हठयोग प्रदिपिका में "कैवल कुम्भक" को समझना -

प्राणायामस्त्रिधा प्रोक्तो रेचपूरककुम्भकैः।

सहितः केवलष्ति कुम्भको द्विविधोमतः।।71।।

हिंदी अर्थ:- प्राणायाम में तीन क्रियाएँ बतायी गयी है रेचक पूरक कुम्भक। जब रेचक पूरक के साथ किया जाता है तब उसे सहित कुम्भक कहते हैं, रेचक पूरक के बिना किये जाने वाले कुम्भक को द्वितीय केवल कुम्भक माना जाता है।

यावत्केवलसिद्धिः स्यात्सहितं तावदभ्यसेत्।

रेचकं पूरकं मुक्तवा सुखं यद् वायुधारणम्।।72।।

प्राणायामोऽयमित्युक्तः स वै केवलकुम्भकः।

हिंदी अर्थ:- जब केवल कुम्भक सिद्ध हो उसके पूर्व तक सहित कुम्भक प्राणायाम करना चाहिए। रेचक पूरक के बिना जो अन्दर प्राणों को धारण किया जाता है, उसे केवल कुम्भक प्राणायाम कहते हैं।

हठयोग प्रदिपिका में केवल कुम्भक से लाभ

श्लोक 73 - 78

केवले कुम्भके सिद्धे रेचपूरकवर्जिते।

न तस्य दुर्लभं किञ्चित त्रिषु लोकेषु विद्यते।।73।।

हिंदी अर्थ:- रेचक और पूरक के बिना केवल कुम्भक के सिद्ध होने पर उस योगी के लिए तीनों लोकों में कुछ भी दुर्लभ नहीं रहता।

शक्तः केवलकुम्भेन यथेश्टं वायुधारणात्।

राजयोगपदं चापि लभते नात्र संशयः।।74।।

कुम्भकात्कुण्डलीबोधः कुण्डली बोधतो भवेत्।

अनर्गला सुषुम्णा च हठसिद्धिश्च जायते।।75।।

हिंदी अर्थ:- केवल कुम्भक के फलस्वरूप जब तक चाहे प्राण की गति रूकी रहती है राजयोग अर्थात् समाधि सिद्ध हो जाती है, कुण्डली जग जाती है और कुण्डलिनी के जागरण से सुशुम्णा के मुख पर और उसमें विद्यमान ग्रन्थियाँ भी खुल जाती है इस प्रकार हटयोग में पूर्ण सिद्धि मिल जाती है।

कुम्भकप्राणरोधान्ते कुर्याच्चितं निराश्रयम्।

एवमभ्यासयोगेन राजयोगपदं लभेत्।।77।।

हिंदी अर्थ:- केवल कुम्भक द्वारा प्राणों का पूर्ण निरोध होने पर साधक अपने चित्त को आश्रय रहित बनाए इस अभ्यास से साधक को राजयोग (समाधि) में सिद्धि मिल जाती है।

वपुः कृशत्वं वदने प्रसन्नता नादस्फुटत्वं नयने सुनिर्मले।

अरोगताविन्दुजयोऽग्निदीपनं नाड़ीविशुद्धिः हठयोगलक्षणम्।।78।।

हिंदी अर्थ:- शरीर को हल्का हो जाना, मुख पर निरन्तर प्रसन्नता का रहना, अनाहतनाद स्पश्ट सुनाई पड़ना, नेत्रों का निर्मल होना, शरीर का पूर्ण निरोग होना, वीर्य पर विजय, जठराग्नि का तीव्र होना और सुशुम्ना नाड़ी की पूर्ण शुद्धि होना। ये सभी हठयोग में सिद्धि के लक्षण हैं।

समर्पित
सरिता जी और संजय जी की पहली पुत्री - कृति

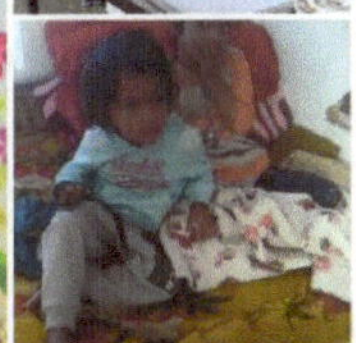

दिगम्बर प्रताप गिरि को जन्म देने वाले माता-पिता - आपको स्वामि बालेंदु गिरि जी का सान्निध्य प्राप्त हुआ। पुरे विश्व में वैदिक योग के प्रचार-प्रसार एवं आध्यात्म प्राप्ति के लिए आपने अपने एकलौते पुत्र को पढ़ा-लिखाकर नागा संन्यासी बनने के लिए छोड़ दिया।

पातञ्जल योगदर्शन में प्राणायाम

पातञ्जल योगदर्शन में प्राणायाम

एक ही प्राणायाम के चार स्तर -

(1) कुम्भक (प्राणायाम)

(2) नाड़ीशोधन (प्राणायाम)

(3) सहित कुम्भक (प्राणायाम)

(4) निर्विकार - विषय रहित, साधन रहित कैवल कुम्भक (प्राणायाम)

महर्षि पतंजलि जी ने प्राणायाम को अपने पातञ्जल योग दर्शन में सिर्फ तीन सूत्रों में (साधनपाद के सूत्र 49, 50, 51) मे बताया है। ये प्राणायाम महर्षि पतंजलि जी ने वेदों के चौथे ज्ञान भाग उपनिषदों से लिया है।

शेषावतार महृषि पतंजलि जी ने पातञ्जल योग दर्शन के साधन पाद का 49वा सूत्र लिया है। प्राणायाम बताया गया है। इसको आप प्राणायाम की परिभाषा भी कह सकते है। प्राणायाम अवस्था कैसी होती है।

कुम्भक प्राणायाम - पहला स्तर

पहला सूत्र - पातञ्जल योग दर्शन में प्राणायाम - साधनपाद का 49वा सूत्र

तस्मिन् सति श्वासप्रश्वास योर्गतिविच्छेदः प्राणायामः।।

अर्थ:- उस आसन की सिद्धि होने पर श्वासप्रश्वास की गति रुक जाना ही प्राणायाम है। ध्यान देने की बात है कि श्वास प्रश्वास रुकते ही कुम्भक बनता है।

अतः कुम्भक ही प्राणायाम है।

पातञ्जल योगदर्शन में नाड़ीशोधन - दूसरा स्तर

आधा अन्तिम सूत्र - देशकालसंख्याभिः परिदृश्टो दीर्घसूक्ष्मः।।50।।

हिन्दी अर्थ व व्याख्या -

देश - स्थान

परिदृश्टो - दिखाई देना

काल - समय

दीर्घ - लम्बा

संख्या - गिनती

सूक्ष्म - महीन

वेदों के ज्ञान भाग - उपनिषदों के बताये अनुसार साफ व सुन्दर स्थान देखकर उस स्थान पर एक कुटिया बनायें।

(यह है देश का अर्थ)

प्रातः, दोपहर, सांयकाल एवं अर्द्ध रात्रि, एक दिन में चार बार अभ्यास करने से तीन महीने में नाड़ी शोधन पूर्ण होता है।

किसी - किसी उपनिषद में तीन साल में पूर्ण होता है। (यह है काल का अर्थ)

करीब चार मात्रा से शुरू कर सोलह मात्रा तक पूरक करें, आठ मात्रा से शुरू कर चौसठ मात्रा तक कुम्भक करें।

चार मात्रा से शुरू कर बत्तीस मात्रा तक रेचक करें। (यह है संख्या का अर्थ)

इसका तीन साल तक अभ्यास करने पर यह श्वास लम्बा और सूक्ष्म होता जायेगा। जैसे - 64 सैकण्ड से शुरू होकर घण्टा, दो घण्टा और दिनों में बदल जाता है, यह प्राण।

(यह है परिद्दश्टो दीर्घ सूक्ष्मः का अर्थ)

"सहित कुम्भक" या "प्राण, अपान संयुक्त" - तीसरा स्तर

यह पातञ्जल योगदर्शन में एक ही प्राणायाम का - तीसरा स्तर

अब यह रहा पातञ्जल योग दर्शन का 50वा सूत्र -

बाह्याभ्यन्तरस्तम्भवृत्तिर्देशकालसंख्याभिः परिद्दश्टो दीर्घ सूक्ष्मः।। 50।।

(पातञ्जल योग दर्शन)

यह वो प्राणायाम है जो नाड़ीशोधन पूर्ण होने के बाद किया जाता है। इसी को तीन साल तक करने पर समाधि लगने के लक्षण शुरू हो जाते है।

यह शरीर अब मानसिक व शारीरिक रुप से प्राणायाम करने के काबिल हो गया है।

पातञ्जल योग दर्शन के साधन पाद का 50वा सूत्र का पहला आधा भाग

बाह्याभ्यन्तरस्तम्भवृत्ति।।50।। (पातञ्जल योग दर्शन)

प्राण वायु को बाहर निकालों, अंदर भरो और रोको

हिंदी अर्थ:- दाहिने हाथ के अंगूठे से दाहिना नथुना दबाकर बायें नथुने से प्राण वायु बाहर निकाले इसे रेचक कहते हैं। अब इसी बायें नथुने से वायु को अंदर भरें, इसको पूरक कहते हैं। अब दोनों नथुनों को अंगूठे व दोनों अँगुलियों से बंद करें व रोक कर रखें। इसे कुम्भक कहते हैं। इसे ही "सहित कुम्भक" प्राणायाम कहते हैं। जब "सहित कुम्भक" में मूलबन्ध लगाया जाता है तब यह प्राण, अपान संयुक्त करना कहलाता है। और यही प्राणायाम कहलाता है।

"कैवल कुम्भक" (निर्विकार) - चौथा स्तर

पातञ्जल योग दर्शन के साधन पाद का 50वा सूत्र, इसे ही सूत्रकार ने चौथा प्राणायाम कहा है।

वेदों ने शास्त्रों ने इसे “कैवल कुम्भक” कहा है। इसी कैवल कुम्भक में, इससे ही लम्बे समय के लिए समाधि लगती है, वहीं निर्बीज, निर्विकार, असम्प्रज्ञात समाधि भी लगती है। यह रहा वह सूत्र -

बाह्याभ्यन्तरविषयाक्षेपी चतुर्थः ॥51॥

हिंदी व्याख्या:- “सहित कुम्भक“ का अभ्यास करते-करते यह अपने आप होने लगता है। जैसे श्वास अपने आप ही शरीर के अन्दर भरा जाता है और निकल जाता है। वैसे ही यह “कैवल कुम्भक“ अपने आप होने लगता है। इसमें अँगुलियों व बंधों कि ज़रूरत नहीं पड़ती है। इसमें किसी विषय का अतिक्रमण नहीं होता है। क्योंकि इसमें दशों प्राणवायु संयुक्त होकर प्रधान प्राण वायु बन जाती है। और प्राणवायु में फूलों में सुगंध की तरह परमात्मा वास करता है।

पातञ्जल योग दर्शन में सहित कुम्भक प्राणायाम

साधन पाद

बाह्याभ्यन्तरस्तम्भवृत्तिः

॥50वे सूत्र का आधा भाग॥

हिंदी अर्थ:- पहले बाऐं नथुने से वायु को बाहर निकालों यानि रेचक करो, फिर दाहिने नथुने से वायु को अंदर भरो, यानि पूरक करों और वायु को अन्दर रोको यानि कुम्भक करो यही “सहित कुम्भक” प्राणायाम है। इस कुम्भक में प्राण, अपान संयुक्त होता है मूलबन्ध लगाने से।

- स्वामि बालेंदु गिरि जी

रेचक कुम्भक पूरक

योग - वशिष्ठ महारामायण में प्राणायाम

इसमें चिरंजीवी- श्री भुशुण्ड जी महऋशि वशिष्ठजी व विश्णु अवतार भगवान रामचन्द्रजी इन तीनों में योग दर्शन पर संवाद है।

महऋशि वशिष्ठजी जानते हुये भी भुशुण्ड जी से पूंछते हैं तथा वशिष्ठजी रामजी को भुशुण्ड जी का हवाला देकर समझाते हैं।

निर्वाण प्रकरण सर्ग- 25

श्री वशिष्ठ उवाच

वाच इत्थंसकथयन्पक्षीपष्श्टस्तन्नपुनर्मया।।

कीदष्षीप्राणवातस्यगतिरित्येवराधव।।1।।

भुषुंडउवाच।। जान्नपिमुनेसंर्वकिताप्टच्छसिलीलया।

यथाप्टश्टामहंवच्मिषष्णुतत्रापिमद्वचः।।2।।

प्राणोयमनिषंब्रह्मन्स्पंदषक्तिः सदागतिः।

सबाह्याभ्यंतरेदेहे प्राणोयमपरिस्थितः।।3।।

अपानोप्य निषंब्रह्मन्स्पंदषक्तिः सदागतिः। सबाह्याभ्यंतरेदेहेत्वपानोयमवाक्स्थितः।।4।।

हिन्दि अर्थ - श्रीवसिश्ठजी बोले - हे राघव! इस प्रकार कहते हुये उस पक्षी से मैनें पुनः कहा कि प्राण की गति कैसी होती हैं।।1।। भुशुण्ड जी बोले - हे मुने! सब कुछ जानते हुये भी लीला से मुझसे क्यों पूंछते हो तथापि जैसा आपने पूछा है वैसा मैं कहता हूँ मेरे वचन को सुनिये।।2।। हे ब्रह्मन्! यह नित्य चलनशक्तियुक्त सदा गमनशील है और यह बाह्य आभ्यंतर शरीर में सबसे ऊपर स्थित हैं।।3।। और हे ब्रह्मन्! यह अपान भी सदा चलनशक्तियुक्त सदा गमनशील हैं और बाह्य आभ्यंतर इस देह में अपानवायु नीचे की ओर स्थित हैं।।4।।

निर्वाण प्रकरण सर्ग- 25

श्री वशिष्ठ उवाच

जाग्रतः स्वपतश्र्वैवप्राणायामोयमुत्तमः।।प्रवर्ततेयतस्तज्ज्ञतंत्तावच्छ्रेयसेशष्णु।।5।।

बाह्योन्मुखत्वं प्राणानांयद्धष्दंबुजकोटरात्।। स्वर से नास्तय ज्ञानांतंधीररिचकंविदुः।।6।।

द्वादषांगुलपर्यतं बाह्य माक्त मतामधः।। प्राणानामंगसंस्पर्षायः सपूरकउच्यते।।7।।

बाह्यत्परापतत्यंतरपानेयत्नवर्जितः।।योयं प्रपूरणः स्पर्षोविदुस्तमपिपूरकम्।।8।।

हिन्दि अर्थ - हे प्राणायामों के वेत्ता जागते सोते यह उत्तम प्राणायाम् होता रहता हैं। इसलिये सबके कल्याणार्थ यह प्राणायाम सुनिये।।5।। जो हृदयकमल से अपनी इच्छा से बिना प्रयत्न प्राणों का हृदय कमल के कोटर से बाह्य देश में निकलना है उसको पंडित लोग रेचक कहते हैं।।6।। और बारह अंगुलपर्यंत बाह्य देश से अंगस्पर्श करता हुआ। और नीचे की ओर जो आक्रमण है उसको पूरक कहते हैं।।7।। और बाहर से अंतराल में जो अपानका यत्न के बिना गिरना हैं उसको भी पूरक कहते हैं।।8।।

अपानेऽसंगतेप्राणोयावन्नाभ्युदितोहदि।। तावत्साकुंभकावस्थायोगिभिर्यानुभूयते।।9।।

रेचकः कुंभकश्र्वैवपूरकश्र्वत्रिधास्थितः।। अपान स्योदयस्थानेद्वादषांतादघोबहिः।।10।।

स्वभावाः सर्वकाल स्थाः सम्यग्यन्तविवर्जिताः।। येप्रोक्ताःस्फारमतिभिस्ताच्छृष्णुत्वंमहाम
ते।।11।। द्वादषांगुलपर्यताद्वाह्यदभ्युदितः प्रभो।। योवातस्तस्यतत्रैवस्वभावात्पूरकादयः।।12।।

हिन्दि अर्थ - अपानके अस्त होने पर हृदय में जब तक प्राण नहीं उदय होता उतने कालतक कुंभकावस्था है, जो कि योगियों के अनुभव में आती हैं।।9।। इस प्रकार रेचक, कुंभक, और पूरक तीन प्रकार प्राण स्थित है, और नासिकाके अग्रभाग से बाहर बारह अंगुलपर्यंत अपानके उदयस्थान में।।10।। बिना यत्न स्वयं होने वाले और सबकाल में स्थित रेचक आदि जो विशालबुद्धियों से कहे गये हैं, हे महामते! उनको तुम सुनो।।11।। हे प्रभो! बारह अंगुलपर्यंत बाह्य देश से अभिमुख स्थित जो पवन है उस वायु के बाह्यदेश में ही पूरक आदि की चिंता करनी चाहिये।।12।।

निर्वाण प्रकरण सर्ग- 25

श्री वशिष्ठ उवाच

यत्रग्रस्तातदासाद्यपदंभूयोनषोच्यते।। प्राणार्कस्यतथांतस्थायन्नापानसितांषुना।।37।।

ग्रस्तातत्प दभासाद्वनभूयोजन्मभाग्नरः।प्राणएवार्कतांयातिस ब्राह्याभ्यंतरेंबेर।।38।।

आप्यायनकरींपश्र्वाच्छषितामधितिश्ठति।।प्राणएवेंदुतांत्यक्त्वाषरीराप्यायकारिणीम।।39।

क्षणादायातिसूर्यत्वंसंषोधम करंपदम्।। अर्कतांसंपरित्यज्यनयावंचंद्रतांगतः।।40।।

हिन्दि अर्थ - जिस हृदयाकाशरूप ब्रह्म में स्थित होके ग्रस्त होती उस ब्रह्म पद को प्राप्त करके पुनः यह प्राणी शोच नहीं करता, और इसी प्रकार प्राणरूप सूर्य के भीतर की कला (अंतिम भाग) जिस द्वादश अंगुलपर्यन्त बाह्य देश से उपलक्षित ब्रह्म में स्थित अपान से ग्रस्त होती है। उस ब्रह्म को पाकर मनुष्य पुनः जन्म का भागी नहीं होता, और यही प्राणसूर्यरूप बाह्य तथा आभ्यंतर आकाश में धारण करता हैं।।37।।38।। और अनंतर प्रसन्नकारिणी चंद्ररूपताको प्राप्त होता है और पश्चात शरीर को आल्हादनकारिणी चंद्ररूपता को त्यागके।।39।। क्षण में ही शोशणकारी सूर्यपद को प्राप्त होता है और यह प्राण सूर्यरूपता (उशणता) को त्यागकर जब तक चंद्ररूपता (शीतलता) को नहीं प्राप्त हुआ।।40।।

प्राणस्तावद्विचार्यतेऽदेषकालेनषोच्यते।। हृदिचंद्रार्कयोर्ज्ञात्वानित्यमस्तमयोदयम्।।41।।

आत्मनो निजमाधारंनभूयोजायतेमनः।।सोदयास्तमयंसेदुंसरष्मिंसगमागमम्।।42।।

हृदयेभास्करंदेवंयःपष्यतिसपष्यति।। नक्षीणंनापरिक्षीणंबहिश्ठंसिद्धयेतमः।।43।। हार्दतुक्षपयेद्धां तयत्क्षयेसिद्धिरूत्तमा।। बाह्येतमसिसंक्षीणोलोकालोकःप्रजायते।।44।।

हिन्दि अर्थ - वहीं प्राण अपानकी संधि अवस्था है उस अवस्था में देह से बाहर प्राण का लय होने से आत्मा के निर्देहत्व, निर्मनस्कत्व, और निःश्क्रियत्वआदि वास्तविक धर्मविचार करने के योग्य हैं, और उस बाह्य कुंभक में देह आदि देश के परिच्छेदके अभाव से तथा चंद्रसूर्य्यरूप प्राण अपानकी क्रियाजनित आयु के परिच्छेदकके अभाव से भी देशकाल के धर्म से रहित आत्मा में स्थित योगी शोच करने योग्य नहीं हैं, और हृदय में प्राण अपानकी संधि जो किं चंद्रसूर्य्यरूप प्राण तथा अपानकी नित्य उदय अस्त का स्थान हैं और अपने मन तथा आत्मा की अभिव्यक्ति का आधार है। उसको जानकर पुनः इस संसार में नहीं उत्पन्न होता, और उदय, अस्त, चंद्रमा और किरण सहित, तथा गमना-गमनसहित।।41।।42।। प्राण रूप भास्कर (सूर्य्य) देव को जो देखता है अर्थात् वही अज्ञानान्धकार से दूर, और न क्षीण, न विद्यमान बाह्यदेश में स्थित सिद्धि के लिये नहीं है।।43।। कि हृदय के अंधकार को प्राणरूप सूर्य्य के दर्शनरूप प्रकाश से दूर करना चाहिये, जिस अंधकार के क्षय से आत्मज्ञानरूप उत्तम सिद्धि होती है, और बाह्य अंधकार के क्षीण होने पर केवल घटपट आदि जगत् के रूप का प्रकाश होता है।।44।।

निर्वाण प्रकरण सर्ग- 25

श्री वशिष्ठ उवाच

हार्देतुतमसिक्षीणेस्वालोकोजायतेमुने।।हार्दाधकारक्षयदंपरिज्ञातंविमुक्तिदम्।।45।।

सोदयास्तमयं यत्नात्प्राणार्कमवलोकयेत्।। अपानेंदुःप्रयात्यस्तंयत्रहृत्पह्मकोटरे।।46।।

पदात्तस्मादुदेत्यंतःप्राणार्कोबहिरून्तुखः।।अपानेस्तंगतेप्राणःसमुदेतिहय्दंबुजात्।।47।।

छायायांगलितांगायांतत्रैवाषुयथातपः।।प्राणेत्वस्तंगतेबाह्यदपानःप्रोदितःक्षणात्।।48।।

हिन्दि अर्थ - हे मुने! हृदय के अंधकार का क्षय होने से आत्मा का दर्शन होता है, इसलिये हृदय के अंधकार का नाशक, जानने से मुक्तिदायक।।45।। उदय तथा अस्त के सहित प्राण रूप सूर्य्य को यत्न से देखे, और जिस हृदय कमल के कोटर में अपान रूप चंद्र अस्त होता है।।46।। उसी स्थान से प्राणरूप सूर्य बाहर को चलने के लिये अभिमुख उदय होता है। क्योंकि अपानरूप चंद्रमा के अस्त होने पर हृदयस्थ कमल से प्राणरूप सूर्य्य उदय होता हैं।।47।। जैसे छाया के नश्ट होने पर शीघ्र उसी स्थान पर आतप (घाम) उदय होता हैं। ऐसे ही प्राण के अस्त होने पर क्षण में ही बाह्य देश से भीतर जाने को क्षण में ही अपान उदित होता है।।48।।

आतपेपरितोनश्टेछायवानुपदंतथा।।प्राणजन्मावनानश्टमपानंविद्विसन्मते।।49।।

अपानजन्म भूमीचप्राणंनश्टमवेहिहि।।अस्तंगतवतिप्राणेत्वपानेभ्युदयोन्मुखे।।50।।

बहिःकुंभकमालंब्यचि रंभूयोनषोच्यते।।अपानेस्तंगतेप्राणेकिंचिदभ्युदयोन्मुखे।।51।।

अंतःकुंभकमालंव्यचिरंभूयोनषोच्यते।।प्राणरेचकमालंब्यअपानाद्दूरकोटिगम्।।52।।

हिन्दि अर्थ - हे सन्मते इसी प्रकार जैसे आतपके नश्ट होने पर शीघ्र ही छाया आती है ऐसे ही प्राण की जन्म भूमि पर अपान को तुम नश्ट समझो।।49।। और अपानकी जन्मभूमि पर प्राण को नश्ट समझो, तथा प्राण के नश्ट होने पर और अपानके अभ्युदय की ओर उन्मुख होने पर।।50।। बाहयकुंभक का अवलंबन करके (अपान के अभ्युदय की ओर उन्मुखता का निरोध करके) चिरकाल तक अर्थात् सदा के लिये शोचने योग्य यह प्राणी नहीं रहता, और अपानके अस्त होने पर और प्राण के किंचित् अभ्युदय की ओर उन्मुख होने पर।।51।। अंतः कुंभ का अवलम्बन करके (भीतर से प्राण के आगमन का निरोध करके) पुनः चिरकाल तक शोचने योग्य नहीं रहता, और अपानके उदयस्थान से दूर कोटितक (16 अंगुल तक) जाने वाले प्राण के रेचक का आलम्बन करके शोचने योग्य नहीं रहता।।52।।

निर्वाण प्रकरण सर्ग- 25

श्री वशिष्ठ उवाच

स्वच्छंकुंभकमभ्यस्यनभूयःपरितप्यते।। अपानेरेचकाधारंप्राणपूरांत रस्थितम्।।53।।

स्वसंस्थंपूरकंद्दश्टानभूयोजायतेनरः।। प्राणापानादुभावंतर्यत्रैतौविलयंगतौ।।54।।

तदालंब्यपदंषांतमात्मानंनानुत्प्यते।। प्राणभक्षोन्मुखेपानेदेषंकालंचनिश्कलम्।।55।।

विचार्यबहिरंतर्वानभूयःपरिषोच्यते।। अपानभक्षणपरेप्राणेहृदितथाबहिः।।56।।

देषंकालंच संप्रेक्ष्यनभूयोजायतेमनः।। यत्रप्राणोह्यपानेन प्राणेनापानएवच।।57।।

हिन्दि अर्थ - और स्वच्छ कुंभकका अभ्यास करके पुनः परितापको नहीं प्राप्त होता, और नासिकाके छिद्र द्वारा अपान के प्रवेश करते समय बाहय देश से अपान में रेचक का आधार प्राण के पूरण के लिये स्थित तथा अपने देह के अंतर्गत कुंभक की उपासना करके प्राणी पुनः इस संसार में नहीं आता, और जिस हार्दाकाशस्थ ब्रहम में प्राण अपान दोनों लयको प्राप्त होते हैं।।53।।54।। उस शांतपद का आलम्बन करके यह प्राणी पुनः सन्तापको नहीं प्राप्त होता, और प्राण का ग्रास करने को उन्मुख अपान के देश में अर्थात् बाहर प्राण के लय और अंतः में प्राण के निकलने के अधिश्ठान चेतन में देशकाल तथा देशकाल के अंतर्गत वस्तुसमूहका बाध होने से देशकाल तथा उसके अंतर्गत सब वस्तु निश्फल चिन्मात्र हैं।।55।। इसको विचार करके पुनः शोचने योग्य नहीं रहता, और अपानका ग्रास करने को प्राण के उद्यत होने पर अपानके लय के अधिश्ठान चेतन में, तथा अपानके उत्पत्ति के अधिश्तान चेतन में सबका बाध होने से देशकाल तथा उसके अंतर्गत वस्तुमात्र ब्रहमात्र देखकर पुनः इस संसार में नहीं उत्पन्न होता, और जहां अपान से प्राण तथा प्राण से अपान।।56।।57।।

निर्वाण प्रकरण सर्ग- 25

श्री वशिष्ठ उवाच

निगीर्णौबहिरंतश्र्वदेषकालौचपष्यतौ।। क्षणमस्तंगतप्राणमपानोदयवर्जितम्।।58।।

अयन्तसिद्धबाह्यस्थंकुंभकंतत्पदंविदुः।। अयह्यसिद्वोह्यंतस्थकुंभकःपरमंपदम्।।59।।

एतत्तदात्मनोरूपंषुद्धैशापरमैवचित्।। एतत्ततत्सदाभासमेतत्प्राप्यनषोच्यते।।60।।

पुश्पस्यांतरिवामोदःप्राणस्यांतरवस्थितम्।।नसप्राणंनवापानंचिदात्मानमुपास्महे।।61।।

जलस्यांतरिवास्वादमपानस्यांतरस्थितम्।।नसप्राणंनवाप्राणंचिदात्मानमुपास्महे।।62।।

प्राणक्षयस्योपांतस्थमपानक्षयकोटिगम्।।अपानप्राणयोर्मध्यंचिदात्मानमुपास्महे।।63।।

प्राणस्यप्राणनंप्रोच्चैःपरंजीवस्यजीवनम्।।देहस्यधारणंधुर्यचिदात्मानमुपास्महे।।64।।

हिन्दि अर्थ - बाहर भीतर देशकाल के साथ निगल लिये गये हैं, इसको आप देखें, और उसी समय जब क्षणभरके लिये प्राण का अस्त है, तथा अपानके उदय से भी वर्जित हैं।।58।। इसको योगीलोक अयत्नसिद्ध बाह्यकुम्भक कहते हैं, और इस प्रकार अपानका जहाँ अस्त हैं और प्राण का भी उदय नहीं हैं। इसको योगीजन अयत्नसिद्ध अन्तस्थ कुंभक अर्थात् परमपद कहते हैं, अर्थात् प्राण अपानकी बाहर भीतर की संधिरूप अवस्था यद्यपि सब प्राणियों को होती हैं तथापि उसको योगीलोग ही जानते हैं न कि अन्य।।59।। (प्राण अपानकी संधि) परमात्मा का रूप है, यही शुद्धचित् है, यही सतरूप से भासमान है, और इसको प्राप्त होके प्राणी शोच के योग्य नहीं रहता।।60।। पुश्प के भीतर सौगन्धय के समान प्राण के भीतर जो साक्षीरूप से स्थित है और जो न प्राण है न अपान है उस चिदात्माकी में उपासना करता हूँ।।61।। और जलके भीतर मधुर आस्मादके तुल्य अपानके भीतर साक्षीरूप से जो स्थित है तथा न वह सप्राण है न अप्राण (न जीवसहित है न निर्जीव हैं) उस चिदात्माकी मैं उपासना करता हूँ।।62।। प्राण तथा अपानके क्षय के समीप में जो स्थित है, और प्राण अपानका मध्य जो है अर्थात् प्राण अपानके व्यापार में जो निमित्तभूत है उस चिदात्माकी मैं उपासना करता हूँ।।63।। प्राण का भी प्राण जीवन का भी जीवन और देहधारण में जो धुरा चिदात्मा है उसकी मैं उपासना करता हूँ।।64।।

निर्वाण प्रकरण सर्ग- 25

श्री वशिष्ठ उवाच

मनसोमननंसत्यंबुद्धेरेकावबोधनम्।।अहंकष्तेरह्ंकारंचिदात्मानमुपास्महे।।65।।

यस्मिन्सर्वयतःसर्वयत्सर्वसर्वतश्र्वयत्।।यच्चसर्वमयंनित्यंतचित्ततत्त्वमुपास्महे।।66।।

आलोकालोकनंपुण्यंसर्वपावनपावनम्।।नचभावनमन्न्ूंनंताचित्ततत्त्वमुपास्महे।।67।।

नापानोअभ्युदितोयत्रप्राणश्र्वांतमुपागतः।।नासाग्रगगनावर्ततचित्ततत्त्वमुपास्महे।।68।।

हिन्दि अर्थ - मनका भी मनन (ज्ञाता) सत्य, बुद्धि तथा अहंकार का भी अहंकार (साक्षी) जो चिदात्मा है उसकी मैं उपासना करता हूँ।।65।। जिसमें सब है, जिससे सब है, जो सब है, जो सब ओर से है जो सबमय है, तथा जो नित्य है उस चिततत्व की मैं उपासना करता हूँ।।66।। सूर्य्य आदि प्रकाशमय पदार्थों का भी प्रकाशक, पवित्र, सब पावनों का भी पावनकर्ता, और मन बुद्धि आदि विकारमय पदार्थों से भी जो अपने स्वतः सिद्ध पूर्वस्वभाव को नहीं त्यागता उस चिदात्मा की मैं उपासना करता हूँ।।67।। (अपान जहां पर अस्त होता है और प्राण भी क्षण भर के लिये जहां उदित नहीं हैं उस कल्पनारूप कला के कलंक से रहित चिदात्मा की मैं उपासना करता हूँ) जहाँ अपान उदित नहीं हैं और प्राण का अंत जहां हो गया हैं तथा नासिका के अग्रभाग से 12 अंगुल पर प्राण अपानके प्रवाह की संधिरूप आवर्त जिसका स्थान है उस चित्तत्व की मैं उपासना करता हूँ।।68।।

यत्रप्राणोस्तमायातियत्रापानोस्तमेतिच।।यत्रद्वावप्यनुत्पन्नौतचित्ततत्तवमुपास्महे।।69।।

प्राणापानोद्भवस्थानेबाह्यभ्यंतरमास्थिते।।येद्वेयोगिपदाधारतचित्ततत्तवमुपास्महे।।70।।

प्राणापानरथारूढंपाणापानमनाततम्।। यच्छक्तिरूपंषक्तिनांतचित्ततत्तवमुपास्महे।।71।।

हत्प्राणकुंभकंदेवंबहिश्र्वापानकुंभकम्।।पूरकांषविसष्श्टंयत्तचित्ततत्तवमुपास्महे।।72।।

हिन्दि अर्थ - जहाँ प्राण अपान दोनों अस्त होते हैं और जहां दोनों उत्पन्न नहीं हैं उस चिदात्मा की मैं उपासना करता हूँ।।69।। जो प्राण अपानकी उत्पत्ति का स्थान है, बाहर भीतर जो स्थित हैं, और जो प्राण अपानकी उत्पत्तिका स्थान योगियों के पद (प्राप्ति स्थान) का आधार चेतनतत्व हैं उसकी मैं उपासना करता हूँ।।70।। जो प्राण अपानरूप रथपर आरूढ़ होके परिचिछन्नरूप होके प्राण अपानकी शक्तिरूप होता है, और अन्य इन्द्रियों की शक्ति की भी शक्ति (निमित्त) जो चित्तत्व हैं उसकी मैं उपासना करता हूँ।।71।। पूरक के अंशसहित हृदयस्थ प्राण कुम्भकदेव को और बाहर अपान कुम्भक चित्तत्वदेव की मैं उपासना करता हूँ।।72।।

निर्वाण प्रकरण सर्ग- 25

श्री वशिष्ठ उवाच

प्राणापानपरामर्षसत्ताबोधंविरूपकम्।।

यत्प्राप्यंप्राणमननात्तचित्ततत्तवमुपास्महे।।73।।

यत्प्राणपवनस्पंदोयत्स्पंदानंदकारकम्।।

कारणंकारणनांयत्तचित्ततत्तवमुपास्महे।।74।।

यदखिलकलनाकलंकहीनंपरिवलितंचसदाकलागणेन।।

स्वनुभवविभवंपदंतदग्रयंसकलसुरप्रणतंपरंग्रपद्ये।।75।।

हिन्दि अर्थ - जो प्राण अपानके चालनका निमित्त और उसकी सत्ता का बोधरूप जो है, और प्राण के मन से प्राप्य जो चित्तत्व है उसकी मैं उपासना करता हूँ।।73।। जो प्राणपवन के स्पंद का निमित्त है- और जो इन्द्रियों के विषयदेश में गति का और उसके उपभोगरूप आनंद का कारण है- तथा कारणों का भी कारण जो चित्तत्व है उसकी मैं उपासना करता हूँ।।74।। जो यथार्थ में संपूर्ण कलाओं के कलंक से वर्जित है- और व्यवहार दृष्टि से जीव की उपाध भूत प्राण आदि शोडष कलाओं से वेश्टित है- उत्तम अनुभव (निरतिषय आनंदरूपता) जिसका विभव है, और सब देवताओं से प्रणत जो सर्वश्रेश्ठ आत्मपद है उसके मैं शरण में हूँ।।75।।

इत्यार्शे वासिश्ठमहारामायणे वाल्मीकीये देवदूतोक्ते

मोक्षोपाये निर्वाण प्रकरणे पूर्वार्घे भु.

समाधिवर्णनं नाम एंचविंषः सर्गः।।25।।

स्वामि बालेंदु गिरि जी, परम निर्मोही एवं सरिता राणा,

सांझरिया (जयपुर), सन् 2014

श्रीमद् भागवत महापुराण में प्राणायाम

ॐ श्रीमद् भागवत महापुराण

अथाष्टाविंशोऽध्यायः (तीसरा - स्कंध)

श्रीमद् भागवत पुराण के 28वे अध्याय की स्कन्द 3 में श्लोक न० 1 - 4 में योग, श्लोक न० 5 - 7 में प्राणायाम, श्लोक न० 8 - 9 में नाड़ीशोधन विधि, एवं श्लोक 10 - 12 में प्राणायाम द्वारा रोगों का नाश बताया है।

श्रीमद् भागवत पुराण में योग

श्रीभगवानुवाच

योगस्य लक्षणं वक्ष्ये सबीजस्य नृपात्मज।

मनो येनैव विधिना प्रसन्नं याति सत्पथम्।।1।।

हिंदी अर्थ:- कपिल भगवान् कहते हैं - माताजी! अब मैं तुम्हें सबीज योगका लक्षण बताता हूँ, जिसके द्वारा चित्त शुद्ध एवं प्रसन्न होकर परमात्माके मार्ग में प्रवृत हो जाता है।।1।।

स्वधर्माचरणं शक्त्या विधर्माच्च निवर्तनम्।

दैवाल्लब्धेन संतोष आत्मविच्चरणार्चनम्।।2।।

हिंदी अर्थ:- यथाशक्ति शास्त्रविहित स्वधर्म पालन करना तथा शास्त्रविरुद्ध आचरण परित्याग करना, प्रारब्धके अनुसार जो कुछ मिल जाय उसीमें सन्तुष्ट रहना, आत्मज्ञानियोंके चरणोंकी पूजा करना।।2।।

ग्राम्यधर्मनिवृतिश्च मोक्षधर्मरतिस्तथा।

मितमेध्यादनं शश्वद्विविक्तक्षेमसेवनम्।।3।।

हिंदी अर्थ:- विषय-वासनाओं को बढ़ानेवाले कर्मोंसे दूर रहना, संसारबन्धनसे छुड़ानेवाले धर्मोंमें प्रेम करना, पवित्र और परिमित भोजन करना, निरन्तर एकांत और निर्भय स्थानमें रहना।।3।।

अहिंसा सत्यमस्तेयं यावदर्थपरिग्रहः।

ब्रह्मचर्यं तपः शौचं स्वाध्यायः पुरुषार्चनम्।।4।।

हिंदी अर्थ:- मन, वाणी और शरीरसे किसी जीवको न सताना, सत्य बोलना, चोरी न करना, आवश्यकतासे अधिक वस्तुओंका संग्रह न करना, ब्रह्मचर्यका पालन करना, तपस्या करना, बाहर-भीतर पवित्र रहना, शास्त्रोंका अध्ययन करना, भगवान् की पूजा करना।।4।।

ॐ श्रीमद् भागवत महापुराण

अथाष्टाविंशोऽध्यायः (तीसरा - स्कंध)

श्रीमद् भागवत पुराण में प्राणायाम

श्रीमद् भागवत जी ने श्वास को जीतना ही प्राणायाम कहा है। नाड़ीशोधन को प्रायोगिक रूप से बताया है।

मौनं सदाऽऽसनजयस्थैर्यं प्राणजयः शनैः।

प्रत्याहारश्चेन्द्रियाणां विषयान्मनसा हृदि।।5।।

हिंदी अर्थ:- वाणी का संयम करना, उत्तम आसनोंका अभ्यास करके स्थिरतापूर्वक बैठना, धीरे-धीरे प्राणायामके द्वारा श्वासको जीतना, इन्द्रियोंको मनके द्वारा विषयोंसे हटाकर अपने हृदयमें ले जाना।।5।।

स्वधिष्णयानामेकदेशे मनसा प्राणधारणम्।

वैकुण्ठ लीलाभिध्यानं समाधानं तथाऽऽत्मनः।।6।।

हिंदी अर्थ:- मूलाधार आदि किसी एक केंद्रमें मनके सहित प्राणोंको स्थिर करना, निरंतर भगवान् की लीलाओंका चिंतन और चित्तको समाहित करना।।6।।

एतरन्यैश्च पथिभिर्मनो दुष्टमसत्पथम्।

बुद्धया युंजीत शनकैर्जितप्राणो ह्रतन्द्रितः।।7।।

हिंदी अर्थ:- इनसे तथा व्रत-दानादि दुसरे साधनोंसे भी सावधानीके साथ प्राणोंको जीतकर बुद्धिके द्वारा अपने कुमार्गगामी दुष्ट चित्तको धीरे-धीरे एकाग्र करे, परमात्मा के ध्यान में लगावे।।7।।

श्रीमद् भागवत पुराण में नाड़ीशोधन विधि

अथाष्टाविंशोऽध्यायः (तीसरा - स्कंध)

शुचौ देशे प्रतिष्ठाप्य विजितसन आसनम्।

तस्मिन् स्वस्ति समासीन ऋजुकायः समभ्यसेत्।।8।।

हिंदी अर्थ:- पहले आसान जीते, फिर प्राणायामके अभ्यासके लिये पवित्र देशमें कुश-मृगचर्मादिसे युक्त आसन बिछावे। उसपर शरीरको सीधा और स्थिर रखते हुए सुखपूर्वक बैठकर अभ्यास करे।।8।।

प्राणस्य शोधयेन्मार्गं पूरकुम्भकरेचकैः।

प्रतिकूलेन वा चित्तं यथा स्थिरमचंचलम्।। 9।।

हिंदी अर्थ:- आरम्भ में बायें नासिका से पूरक, कुम्भक और रेचक करे, फिर इसके विपरीत दाहिनी नासिकासे प्राणायाम करके प्राणके मार्गका शोधन करे - जिससे चित्त स्थिर और निश्छल हो जाय।।9।।

श्रीमद् भागवत पुराण में प्राणायाम द्वारा रोगों का नाश

अथाष्टाविंशोऽध्यायः (तीसरा - स्कंध)

मनोऽचीरात्स्याद्विरजं जितश्वासस्य योगिनः।

वाय्वग्निभ्यां यथा लोहं ध्मातं त्यजति वै मलम्।।10।।

हिंदी अर्थ:- जिस प्रकार वायु और अग्निसे तपाया हुआ सोना अपने मलको त्याग देता है, उसी प्रकार जो योगी प्राणवायुको जीत लेता है, उसका मन बहुत शीघ्र शुद्ध हो जाता है।।10।।

प्राणायामैर्दहेद्दोषन्धारणाभिश्च किल्बिषान्।

प्रत्यहारेण संसर्गान्ध्यानेनानीश्वरान् गुणान्।।11।।

हिंदी अर्थ:- अतः योगीको उचित है कि प्राणायामसे वात-पित्तादिजनित दोषोंको, धारणासे पापोंको, प्रत्याहार से विषयोंके सम्बन्धको और ध्यानसे भगवाद्विमुख करनेवाले राग-द्वेषादि दुर्गुणोंको दूर करे।।11।।

यदा मनः स्वं विरजं योगेन सुसमाहितम्।

काष्ठां भगवतो ध्यायेत्स्वनासाग्रावलोकनः।।12।।

हिंदी अर्थ:- जब योगका अभ्यास करते-करते चित्त निर्मल और एकाग्र हो जाय, तब नासिकाके अग्रभागमें दृष्टि जमाकर इस प्रकार भगवान् की मूर्तीका ध्यान करे।।12।।

ज्योति चौधरी - छोटी उम्र में स्वामि बालेंदु गिरि जी एवं सरिता राणा जी के सान्निध्य में रहकर षट्कर्म, जटिल आसन और प्राणायाम में प्रशिक्षण प्राप्त किया है।

नाड़ीशोधन विधि

अथर्ववेद की शाण्डिल्योपनिषद में

नाड़ीशोधन विधि

सप्तम् - खण्ड श्लोक 1- 2

अथासनदृढो योगी वशी मितहिताशनः सुषुम्नानाडीस्थमलशोषार्थं योगी बद्धपांसनो वायुं चन्द्रेणापूर्य यथाशक्ति कुम्भयित्वा सूर्येण रेचयित्वा पुनः सूर्येणापूर्य कुम्भयित्वा चन्द्रेण विरेच्य यया त्यजेत्तया संपूर्य धारयेत्।

तदेते श्लोका भवन्तिप्राणं प्रागिडया पिबेन्नियमितं भूयोऽन्यया रेचयेत्पीत्वा पिङ्गलया समीरणमथो बद्ध्वा त्यजेद्वामया। सूर्याचन्द्रमसोरनेन विधिनाऽभ्यासं सदा तन्वतां शुद्धा नाडिगणा भवन्ति यमिनां मासत्रयादूर्ध्वतः।।1।।

हिन्दी अर्थ:- इसके पश्चात आसन के दृढ हो जाने पर योगी अपनी इन्द्रियों को वश में करके, दूसरों का हित चाहते हुए स्वल्पाहार पर रहते हुए, सुषुम्रा नाड़ी में स्थित मल को शुष्क करने के लिए निरन्तर योगाभ्यास करता रहे। उस समय बद्धपद्मासन पर आरूढ़ हो, चन्द्र नाड़ी के द्वारा वायु को भरकर शक्ति के अनुसार कुम्भक करने के बाद सूर्य नाड़ी के द्वारा रेचक करना चाहिए। तदनन्तर सूर्यनाड़ी से पूरक करके कुम्भक करे तथा चन्द्र नाड़ी से रेचक करना चाहिए। इस प्रकार जिस नाड़ी के द्वारा रेचक करे, उसी नाड़ी से पुनः पूरक करने के बाद कुम्भक करना चाहिए। इस भाव को प्रकट करने वाले निम्न प्रकार के श्लोक वर्णित किये गये हैं - "सर्वप्रथम इड़ा नाड़ी के द्वारा प्राण को अन्दर भरकर कुम्भक करे तथा दूसरी पिंगला नाड़ी से रेचक करे। तत्पश्चात पुनः पिंगला से पूरक करके कुम्भक करते हुए इड़ा नाड़ी से रेचक करना चहिये।" इस प्रक्रिया से सूर्य और चन्द्र नाड़ी के द्वारा प्राणायम का प्रतिदिन निरन्तर अभ्यास करने से योगी की सभी नाड़ियां तीन मास में ही पूर्ण शुद्ध हो जाती हैं।।1।।

प्रातर्मध्यन्दिने सायमर्धरात्रे तु कुम्भकान्। शनैरशीतिपर्यन्त चतुर्वारं समभ्यसेत्।।2।।

हिन्दी अर्थ:- प्रातःकाल, मध्यान्हकाल, सायंकाल तथा मध्य रात्रि में इसी तरह से चार बार मन्द-मन्द गति से अस्सी मात्राओं तक कुम्भक का अभ्यास करना चाहिए।।2।।

षष्ठ खण्ड - श्लोक - 5

ध्यायेत् इडया बाह्याद्वायुमापूर्य षोडशमात्राभिरकारं चिन्तयन्पूरितं वायुं चतुःषष्टिमात्राभिः कुम्भयित्वोकारं ध्यायन्पूरितं पिङ्गलया द्वात्रिंशन्मात्रया मकारमूर्तिध्यानेनैवं क्रमेण पुनः-पुनः कुर्यात्।।5।।

हिन्दी अर्थ:- इस ध्यान के पश्चात पुनः इड़ा नाड़ी के द्वारा बाहर की वायु सोलह मात्रा में खींचे तथा उस समय 'अ' कार का ध्यान करना चाहिए। इसके बाद इसी वायु को चौंसठ मात्रा में अन्तः कुम्भक करे तथा उस समय 'उ' कार का ध्यान करना चाहिए। तथा इसके पश्चात् पिंगला नाड़ी के द्वारा बत्तीस मात्राओं से संयुक्त उस अन्दर भरी हुई वायु को बाहर

निष्कासित करे। उस समय 'म' कार मूर्ति का ध्यान करना चाहिए। इसी प्रकार से यह क्रिया निरन्तर बार-बार करते रहना चाहिए।।5।।

कृष्ण यजुर्वेद की अमृतनादोपनिषद में नाड़ीशोधन विधि

वक्त्रेणोत्पलनालेन तोयमाकर्शयेन्नरः।

एवं वायुर्ग्रहीतव्यः पूरकस्येति लक्षणम्।।13।।

हिन्दी अर्थ:- जिस प्रकार पुरूष मुख के माध्यम से कमल-नाल द्वारा शनैः-शनेः जल को ग्रहण करता है, उसी प्रकार मन्द गति से प्राण वायु को अपने अन्तःकरण में धारण करना चाहिए। यही प्राणायाम के अन्तर्गत 'पूरक' का लक्षण है।।13।।

नोच्छ्वसेन्न च निष्वसेन्नेव गात्राणि चालयेत्।

एवं भावं नियुंजीयात्कुम्भकस्येति लक्षणम्।।14।।

हिन्दी अर्थ:- श्वास को न तो अन्तःकरण में आकष्श्ट करे और न ही बहिर्गमन करे तथा षरीर में कोई हलचल भी न करे। इस तरह से प्राण वायु को रोकने की प्रक्रिया को 'कुम्भक' प्राणायाम का लक्षण कहा गया है।।14।।

अन्धवत्पष्य रूपाणि षब्दं बधिरच्छृष्णु।

काशठवत्पष्य वै देहं प्रषान्तस्येति लक्षणम्।।15।।

हिन्दी अर्थ:- जिस भाँति अन्धे को कुछ भी दष्श्टिगोचर नहीं होता, उसी भाँति साधक नाम रूपात्मक अन्य कुछ भी न देखे। षब्द को बाधिर की भाँति श्रवण करे और षरीर को काश्ठ की तरह जाने। यही प्रषान्त का लक्षण है।।15।।

कृष्ण यजुर्वेद की ध्यानबिंदुपनिषद् मेंनाड़ीशोधन विधि श्लोक - 30 से 32

अतसीपुष्पसंकाशं नाभिस्थाने प्रतिष्ठितम्।

चतुर्भुजं महाविष्णुं पूरकेण विचिन्तयेत्।।30।।

हिन्दी अर्थ:- पूरक द्वारा साँस अन्दर खींचते समय नाभिस्थान में प्रतिष्ठित अतसी पुष्प के समान चतुर्भुज महाविष्णु भगवान् का ध्यान करना चाहिए।

कुम्भकेन हृदि स्थाने चिन्तयेत्कमलासनम्।

ब्रह्माणं रक्तगौराभं चतुर्वक्त्रं पितामहम्।।31।।

हिन्दी अर्थ:- कुम्भक द्वारा साँस भीतर रोकने के समय हृदय स्थल में कमल के आसन पर सुशोभित लालिमामय गौर वर्ण वाले चतुर्मुख पितामह ब्रह्मा का ध्यान करना चाहिए।

रेचकेन तु विद्यात्मा ललाटस्थं त्रिलोचनम्।

शुद्धस्फटिकसंकाशं निष्कलं पापनाशनम्।।32।।

हिन्दी अर्थ:- रेचक से साँस छोड़ते हुए ललाट में शुद्ध स्फटिक के सदृश श्वेत रंग के त्रिनेत्रयुक्त, निष्कल (कलारहित), पाप संहारक भगवान् शिव का ध्यान करना चाहिए।

सामवेद की जाबालदर्शनोपनिषद् में

नाड़ीशोधन विधि

षष्ठ खंड, श्लोक - 3 से 10

इडया वायुमाकृष्य पूरयित्वोदरे स्थितम्। शनैः षोडशभिर्मात्रैरकारं तत्र संस्मरेत्।।3।।

पूरितं धारयेत्पश्चाच्चतुःषष्ट्या तु मात्रया। उकारमूर्तिमत्रापि संस्मरन्प्रणवं जपेत्।।4।।

यावद्वा शक्यते तावध्दारयेज्जपतत्परः। पूरितं रेचयेत्पश्चान्मकारेणानिलं बुधः।।5।।

शनैः प्गिंलया तत्र द्वात्रिंशन्मात्रया पुनः। प्राणायामो भवेदेवं ततश्चैवं समभ्यसेत्।।6।।

हिन्दी अर्थ:- इड़ा नाड़ी के माध्यम से वायु को शनैः-शनैः अन्दर की ओर खींचकरके उदर में धारण करें, उस (पूरक) काल में सोलह मात्राओं का प्रयोग करें और ओम-कार के श्रेष्ठ अकार का ध्यान करें। तदनन्तर उदर में भरी हुई उस वायु को कुछ समय तक अन्दर धारण किये रहे। उस समय चौंसठ मात्राओं जितना समय लगाकर उकार प्रधान ओम-कार का जप करें। जब तक संभव हो सके, तब तक जप में मन को एकाग्र करके वायु को आत्मसात् किये रहे। तत्पश्चात् विद्वान पुरूष बत्तीस मात्राओं का समय लगाकर मकार प्रमुख ओम-कार के भाव सहित पिंङ्गला नाड़ी के माध्यम से शनैः - शनैः धारण की हुई वायु को बाहर निकाले। इस प्रकार से पिंङ्गला नाड़ी से पुनः करें। इस प्रकार नित्य अभ्यास करते रहना चाहिए।। 3-6।।

पुनः पिंङ्गलयापूर्य मात्रैः षोडशभिस्तथा। अकारमूर्तिमत्रापि स्मरेदेकाग्रमानसः।।7।।

धारयेत्पूरितं विद्वान्प्रणवं संजपन्वशी। उकारमूर्तिं स ध्यायंश्चतुःषष्ट्यातु मात्रया।।8।।

हिन्दी अर्थ:- इसके पश्चात् पुनः पिंङ्गला नाड़ी के द्वारा वायु को शनैः शनैः अन्दर खींचते हुए षोडश मात्रा से अकार स्वरूप प्रणव का ध्यान मन को एकाग्र करके करना चाहिए। जब वायु पूरी तरह से उदर में भर जाये, तब विद्वज्जन मन एवं इन्द्रियों को अपने वश में रखते हुए चौंसठ मात्राओं से उकार के ध्यान सहित कार का जप करते हुए वायु को अन्दर धारण किये रहे।।7-8।।

मकारं तु स्मरन्पश्चाद्रेचयेदिडयाऽनिलम्।

एवमेव पुनः कुर्यादिडयापूर्य बुद्धिमान्।।9।।

एवं समभ्यसेन्नित्यं प्राणायामं मुनीश्वर।

एवमभ्यासतो नित्यं षण्मासाद् ज्ञानवान्भवेत्।।10।।

हिन्दी अर्थः- तत्पश्चात् बत्तीस मात्राओं से 'मकार' का ध्यान करते हुए इड़ा नाड़ी के द्वारा शनैः-शनैः वायु को बाहर निकाल दे। बुद्धिमान् मनुष्य इसी तरह बार-बार अभ्यास करें। हे श्रेष्ठ मुनीश्वर! इस तरह से नित्य प्राणायाम का अभ्यास आरम्भ करना चाहिए। इस प्रकार से प्रतिदिन अभ्यास करते रहने से साधक मात्र छः मास में ही ज्ञान-सम्पन्न हो जाता है।

कृष्ण यजुर्वेद की श्वेताश्वतरोपनिषद् में

नाड़ीशोधन विधि (शांकर भाष्य)

अध्याय 2- श्लोक 8- शांकर भाष्य

दक्षिणनासिका पुमङ्.गुल्यावष्टभ्य वामेन वायुं पूरयेद्यथाशक्ति। ततोऽनन्तरमुत्सृज्यैवं दक्षिणेन पुटेन समुत्सृजेत्। सव्यमपि धारयेत्। पुनर्दक्षिणेन पूरयित्वा सव्येन समुत्सृजेद्यथाशक्ति। त्रिः पञ्चकृत्वो वा एवम् अभ्यस्यतः सवनचतुष्टयमपररात्रे मध्याहने पूर्वरात्रेऽर्धरात्रे च पक्षान्मासाद्विशुद्धिर्भवति। बाहयं द्वादशमात्रकैः।। ततोऽग्निं पूर्ववद्धयाये त्स्फुरज्ज्वालावलीयुतम्। रेफं च बिन्दुसंयुक्तं शिखिमण्डलसंस्थितम्।। ध्यायेद्विरेचयेद्वायुं मन्दं पिङ्.गलया पुनः।

पुनः पिङ्गलयापूर्य घ्राणं दक्षिणतः सुधीः।।तद्वद्विरेचयेद्वायुमिडया तु शनैः शनैः। त्रिचतुर्वत्सरं चापि त्रिचतुर्मासमेव वा।। गुरूणोक्तप्रकारेण रहस्येवं समभ्यसेत्। प्रातर्मध्यंदिने सायं स्नात्वा षट्कृत्व आचरेत्।। सन्ध्यादिकर्म कृत्वैव मध्यरात्रेऽपि नित्यशः। नाडीशुद्धिमवाप्नोति तच्चिहनं दृश्यते पृथक्।। शरीरलघुता दीप्तिर्जठराग्निविवर्धनम्। नादाभिव्यक्तिरित्येतल्लिडंग तच्छुद्धिसूचनम्।। शुध्यन्ति न जपैस्तेन स्पर्शशुद्धेरहेतवः। प्राणायामं ततः कुर्या द्रेचपूरककुम्भकैः।।

हिन्दी अर्थः-

दायें नासारन्ध्र को अँगूठे से दबाकर बायें से यथाशक्ति वायु खींचे। वायु को रोकें। तत्पश्चात् दायीं नासिका को छोड़कर इसी प्रकार (वाम नासारन्ध्र को अँगुलियों से दबावे और) दायें से वायु को बाहर निकाले। दायें से पूरक करके यथाशक्ति वायु धारण करें और बायें नासिकारन्ध्र से रेचक करें। इस प्रकार शेषरात्रि, मध्याहन, पूर्वरात्रि और अर्धरात्रि - चार समय तीन-तीन या पाँच-पाँच बार अभ्यास करने वाले की एक पक्ष या एक मास में नाडीशुद्धि हो जाती है।

द्वादशमात्रा - क्रम से बाहय वायु को भीतर खींचे। फिर पूर्ववत् देदीप्यमान शिखाओं से युक्त अग्निका ध्यान करे और उस अग्नि मण्डल में स्थित बिन्दुयुक्त रेफ (रं) - का ध्यान करें। तत्पश्चात् धीरे-धीरे पिंगला (दायं) नाडी से वायु को निकाल दें। फिर वह मूर्तिमान् योगी दायें नासारन्ध्र से पिंगला नाडी द्वारा प्राण खींचकर उसे धीरे-धीरे इडा नाडी द्वारा बाहर निकाले।

इस प्रकार गुरू की बतलायी हुई विधि से एकांत में तीन-चार वर्ष या तीन-चार मास तक अभ्यास करें। प्रातःकाल, मध्याह्न तथा सांयकाल में स्नान कर सन्ध्यादि कर्मों से निवृत्त हो छः-छः प्राणायाम करें तथा नित्यप्रति मध्यरात्रि में भी अभ्यास करें। ऐसा करने से उसकी नाडी शुद्धि हो जाती है और उसके चिह्न स्पष्ट दिखने लगते हैं। शरीर का हल्कापन, कान्ति, जठराग्निकी वृद्धि, नादका सुनायी देने लगना - ये सब नाडी शुद्धि की सूचना देने वाले चिह्न हैं। नाडियों की शुद्धि जप करने से नहीं होती, अतः वह नाडी शुद्धि का हेतु नहीं है।

शुक्ल यजुर्वेद की मण्डलब्राह्मणोपनिषद् में

नाड़ीशोधन विधि

प्रथम ब्राह्मणम् - प्रथम खण्ड, श्लोक - 6

पूरककुम्भकरेचकैः षोडशचतुःषष्टिद्वात्रिंशत्संख्यया यथाक्रमं प्राणायामः।।6।।

हिन्दी अर्थः- सोलह मात्राओ द्वारा पूरक (श्वास अन्दर लेना), चौंसठ मात्राओ द्वारा कुम्भक (श्वास अन्दर रोकना) और बत्तीस मात्राओ द्वारा रेचक (श्वास बाहर निकालना) करने को नाड़ीशोधन प्राणायाम कहते है।।6।।

सामवेद की योगचुड़ामण्युपनिषद् में

नाड़ीशोधन विधि

श्लोक - 98

प्राणं चेदिडया पिबेत्रियमितं भूयोऽन्यथा रेचयेतपीत्वा पिङ्गलया समीरणमथो बद्ध्वा त्यजेद्वामया।

सूर्याचन्द्रमसोरनेन विधिना बिंदुद्वयं ध्यायतः शुद्धा नाडिगणा भवन्ति यमिनो मासद्वयादूर्ध्वतः।।98।।

हिन्दी अर्थः- प्राणायाम में सर्वप्रथम इड़ा नाड़ी अर्थात् बायें स्वर से श्वास खींचे (पूरक करे)। श्वास रोककर (कुम्भक करके) पिङ्गला नाड़ी अर्थात् दायें स्वर से श्वास का रेचन करें (श्वास बाहर निकाले)। पुनः इसका विपरीत करे। इस प्रकार नाड़ीशोधन करते समय चंद्र और सूर्य दोनों का पूर्व वर्णित विधि से ध्यानपूर्वक अभ्यास करने पर मात्र दो महीने में नाड़ीशोधन हो जाता है।।98।।

कृष्ण यजुर्वेद की क्षुरिकोपनिषद् में

नाड़ी शोधन विधि

वेदतत्त्वार्थविहितं यथोक्तं हिं स्वयंभुवा। निःशब्दं देशमास्थाय तत्रासनमवस्थितः।।2।।

कूर्मोऽङ्गानीव संहृत्य मनो हृदि निरूध्य च। मात्राद्वादशयोगेन प्रणवेन शनैःशनैः।।3।।

पूरयेत्सर्वमात्मानं सर्वद्वारं निरुध्य च। उरोमुखकटिग्रीवं किंचिध्द्दयमुन्नतम्।।4।।

प्राणान्संधारयेत्तस्मिन्नासाभ्यन्तरचारिणः। भूत्वा तत्र गतप्राणः शनैरथ समुत्सृजेत्।।5।।

हिन्दी अर्थः- जैसा कि स्वयंभू ब्रह्माजी का कथन है और जो भाव वेद के तत्त्वार्थ में सन्निहित है, तदनुसार कोलाहल रहित स्थान में इसके लिए उचित आसन में स्थित होकर जैसे कछुआ अपने अंगों को अपने संकल्प से समेट लेता है, वैसे ही मन और हृदय (के भावों) को निरूद्ध करने के लिए ओमकार का बारह मात्राओं का ध्यान करते हुए (उतने समय में) धीरे-धीरे वायु रूप सर्वात्मा को (पूरक द्वारा) अपने अन्दर पूरित करे। इसके पश्चात कुम्भक करें। (वायु के) सभी द्वारों को (बन्धों के माध्यम से) रोक करके छाती, मुख, कमर गर्दन (को ऊपर की ओर खींचकर सीधा) तथा हृदय को कुछ उन्नत रखे। इस स्थिति में नासिका द्वारा संचरित प्राण को कुम्भक के द्वारा रोके और सभी स्थानों में धारण करे। जहाँ-तहाँ प्राणों को इकट्ठा कर लेने पर पर फिर धीरे-धीरे वायु को त्याग दे (रेचक क्रिया द्वारा बाहर छोड़ दें)।

कृष्ण यजुर्वेद की वराहोपनिषद् में

नाड़ीशोधन विधि

अध्याय - 5, श्लोक - 18

पूरकः कुम्भकस्तद्वद्रेचकः पूरकः पुनः।

प्राणायामः स्वनाडीभिस्तस्मान्नाडीः प्रचक्षते।।18।।

हिन्दी अर्थः- पहले पूरक - बायीं नासिका से श्वाँस अन्दर भरें और उसके बाद दोनों नथूनों को बन्द करकें वायु को रोके। यानि कुम्भक करें। कुम्भक के बाद धीरे-धीरे दायीं नासिका से श्वाँस को बाहर निकाले यानी रेचक करें। अब पुनः उसी दायीं नासिका से पूरक करे इसी तरह से कुम्भक करने के पश्चात बायीं नासिका से श्वास बाहर निकाल दें।।18।।

शुक्ल यजुर्वेद की त्रिशिखिब्राह्मणोपनिषद् में

नाड़ीशोधन विधि

मंत्र भाग - 2, श्लोक - 96 से 100 तक

इडया वायुमापूर्य ब्रह्मन्षोडशमात्रया।।96।।

पूरितं कुम्भ्येत्पश्चाच्चतुःषष्ट्या तु मात्रया।

द्वात्रिंशन्मात्रया सम्यग्रेचयेत्पिङ्गलानिलम्।।97।।

हिन्दी अर्थः- तदनन्तर सोलह मात्रा से इड़ा (बायीं नासिका) द्वारा वायु को अन्दर की ओर खींचे तथा चौंसठ मात्रा से कुम्भक करे और बत्तीस मात्रा से उस वायु को पिंगला (दायीं नासिक) के द्वारा बहिर्गमन कर देना चाहिए।।96-97।।

एवं पुनः पुनः कार्यं व्युत्क्रमानुक्रमेण तु।

संपूर्णकुम्भवद्देहं कुम्भयेन्मातरिश्वना।।98।।

हिन्दी अर्थ:- इस प्रकार बार-बार क्रम एवं विपरीत क्रम से सर्वदा अभ्यास करता रहे और शरीर के अन्दर भरी हुई वायु को कुम्भ (घड़े) की भाँति स्थिर करके रोके रहे।।98।।

पूरणान्नाडयः सर्वाः पूर्यन्ते मातरिश्वना।

एवं कृते सति ब्रह्मंश्चरन्ति दश वायवः।।99।।

हिन्दी अर्थ:- हे ब्रह्मन्! इस क्रिया से समस्त नाड़ियाँ वायु से परिपूर्ण हो जाती है। उन नाड़ियों में दसों वायुएँ (प्राणधारायें) सम्यक् रूप से चलने लगती है।।99।।

हृदयाम्भोरुहं चापि व्याकोंच भवति स्फुटम।

तत्र पश्येत्परात्मानं वासुदेवमकल्मषम्।।100।।

हिन्दी अर्थ:- तदनन्तर हृदय रूपी कमल विकसित होकर स्वच्छ-स्पष्ट हो जाता है तथा उस स्थान पर परमात्म स्वरूप, निष्पाप वासुदेव के दर्शन स्पष्ट रूप से होने लगते है।।100।।

प्रातर्माध्यन्दिने सायमर्धरात्रे च कुम्कान्।

शनैरशीतिपर्यन्तं चतुर्वारं समभ्यसेत्।।101।।

हिन्दी अर्थ:- इस अभ्यास से प्रातःकाल, मध्याहन् काल, सांयकाल तथा अर्द्धरात्रि को चार बार कुम्भक करना चाहिए और क्रमशः उसे अस्सी (80) मात्रा तक धीरे-धीरे बढ़ा देना चाहिए।।101।।

एकाहमात्रं कुर्वाणः सर्वपापैः प्रमुच्यते।

संवत्सरत्रयदूर्ध्वं प्राणायामपरो नरः।।102।।

योगसिद्धो भवेद्योगी वायुजिद्विजितेन्द्रयः।

अल्पाशी स्वल्पनिद्रश्च तेजस्वी बलवान्भवेत्।।103।।

हिन्दी अर्थ:- इस उपर्युक्त विधि से एक दिन के अभ्यास करने मात्र से ही सभी तरह के पापों का शमन हो जाता है। जो मनुष्य इस तरह लगातार तीन वर्ष तक नियमित अभ्यासपूर्वक प्राणायाम करता है। वह योगसिद्ध हो जाता है। वह योगी (साधक) वायु को जीतने वाला, इन्द्रियों को अपने वश में रखने वाला, अल्पाहारी, स्वल्प नींदवाला, तेजोमय एवं बलवान होता है।।102-103।

गोरक्ष संहिता में नाड़ीशोधन विधि

प्रथम शतकम् - श्लोक 95 से 100

बद्धपद्मासनो योगी प्राणं चन्द्रेण पूरयेत्।

धारयित्वा यथाशक्ति भूयः सूर्येण रेचयेत्।।95।।

अमृतदधिसंकाशं गोक्षीरधवलोपनम्।

ध्यात्वा चन्द्रमसो बिम्बं प्राणायामी सुखी भवेत्।।96।।

दक्षिणे श्वासमाकृष्य पूरयेदुत्तरं शनै।

कुम्भयित्वा विधानेन पुनश्चन्द्रेण रेचयेत्।।97।।

प्रज्वलज्जवलनज्वालापुन्जमादित्यमण्डलम्।

ध्यात्वा नाभिस्थितं योगी प्राणायामी सुखी भवेत्।।98।।

हिन्दी अर्थः- बद्धपद्मासन लगाकर चन्द्र नाडी से पूरक करें और यथा शक्ति कुम्भक करके सूर्य नाड़ी द्वारा रेचक करें। फिर श्वेत वर्ण के दही दूध के समान अमृत स्वरूप चन्द्र बिम्बका ध्यान करने से प्राणायाम करने वाला सुखी होता है। दक्षिण नासा पुट से श्वास खींचकर धीरे-धीरे पूरक करें और विधिवत कुम्भक करके वायु को चन्द्र नाड़ी से निकाल दे। इस प्रक्रिया में कुम्भक के समय दैदीप्यमान अग्निपुंज के समान सूर्य मण्डल का ध्यान अपनी नाभि में करने वाला प्राणायामी, सुखी होता है।।95-98।।

प्राणाश्चेडियापि चेत्परिमितं भूयोऽन्यया रेचयेत् पीत्वा

पिंगलया समीरणमथो बद्ध्वा त्यजेद्वामया।

सूर्याचन्द्रमसोरनेन विधिना बिम्बद्वयं ध्यायतां

शुद्धा नाडिगणा भवन्ति यमिनां मासत्रयादूर्ध्वेतः।। 99।।

यथेष्टं धारणं वायोरनलस्य प्रदीपनम्।

नादादिव्यक्तिरारोग्यं जायते नाड़ीशोधने।।100।।

हिन्दी अर्थः- बाँयी नासिका से वायु को खींचकर पूरक, चन्द्रमण्डल के ध्यान से युक्त कुम्भक और दाँयी नासिका से रेचक करें। पुनः दाँयी नासिका से वायु खींच कर पूरक, सूर्य मण्डल के ध्यान से युक्त कुम्भक और अब बांयी नासिका से रेचक करें। इस प्रकार सूर्य और चन्द्र की विधि से दोनो बिम्बों का ध्यान करता हुआ योगी अभ्यास में तत्पर रहे तो सभी नाड़ियां तीन महीने के पश्चात् शुद्ध हो जाती है। जब नाड़ियां शुद्ध हो जाती है। तब वायु के धारण करने का सामर्थ्य उत्पन्न हो जाता है। जठराग्नि प्रदीप्त होकर आरोग्य की प्राप्ति होती है और दिव्य नाद स्पष्ट सुनाई देने लगता है।। 99-100।।

गोरक्ष संहिता में नाड़ीशोधन विधि

द्वितीय शतकम् - श्लोक 1 से 6

प्राणो देहे स्थितो वायुरपानस्य निरोधनात्।

एकश्वसनमात्रेणोद्घाटयेद्गगने गतिम्।।1।।

रेचकः पूरकश्चैवः कुम्भकः प्रणवात्मकः।

प्राणायामो भवेत्त्रेधा मात्राद्वादशसंयुतः।।2।।

मात्राद्वादशसंयुक्तौ दिवाकरनिशाकरौ।

दोषजालम पघ्नन्तौ ज्ञातव्यो योगिभिः सदा।।3।।

हिन्दी अर्थः-शरीर में स्थित प्राणवायु और अपान-¬वायु का निरोध हो जाने पर एक श्वास मात्र में योगी की गति चित्ताकाश तक हो जाती है। प्राणयाम के तीन भाग है - रेचक, पूरक और कुम्भक। प्राणायाम प्रणव के समान है, जो बारह मात्राओं से युक्त है। बारह मात्राओं से संयुक्त दिवाकर व निशाकर सभी दोषों का नाश करने वाले होते है, यह योगियों के लिए सदा ज्ञातव्य है।।1-3।।

पूरके द्वादशी कुर्यात्कुम्भके षोडशी भवेत्।

रेचके दश ओम्काराः प्राणायामः स उच्चते।।4।।

प्रथमे द्वादशी मात्रा मध्यमे द्विगुणा मता।

उत्तमे त्रिगुणा प्रोक्ता प्राणायामस्य निर्णयः।।5।।

अधमें चोद्यते धर्मः कम्पो भवति मध्यमे।

उत्तिष्ठत्युत्तमे योगी ततो वायुं निरोधयेत्।। 6।।

हिन्दी अर्थः- पूरक में प्रणव की बारह, कुम्भक में सोलह और रेचक में दश मात्राओं से युक्त नाड़ीशोधन अधम है। मध्यम स्तर में, इसी अनुपात में इससे दुगुनी मात्राएँ और उत्तम में तिगुनी मात्राएँ होती है। अधम स्तर मे पसीना आता है, मध्यम में कम्प होता है और उत्तम मे योगी ऊपर उठने लगता है।।4-6।।

घेरण्ड संहिता में नाड़ीशोधन विधि

श्लोक 32 से 36

कुशासने मृगाजिंने व्याध्राजिने च कम्बले।

स्थलासनेसमासीनः प्राङ् व्याध्राजिने च कम्बले।

स्थलासनेसमासीनः प्राङ् मुखोवाप्युदङ्मुखः।

नाड़ीशुद्धि समासाद्य प्राणायामं समभ्यसेत्।।32।।

हिन्दी अर्थ:- कुश का आसन, मृगछाला या सिंहछाला, कम्बल अथवा इनमे से किसी प्रकार के आसन पर पूर्व या उत्तर की ओर मुख करके, नाड़ी शुद्ध होने पर प्राणायाम का साधन करना चाहिए।।32।।

चण्डकापालिरूवाच नाड़ीशुद्धिकथं कुर्यान्नाडीशुद्धिश्च की दृशी।

तत्सर्व श्रोतुमिच्छामि तत्वदस्वदयानिधे।।33।।

हिन्दी अर्थ:- नाड़ीशोधन किस प्रकार किया जाय? उसका स्वरूप क्या है? इस सबको मैं विस्तार सहित सुननें का इच्छुक हूँ हे दयानिधे! उसे मेरे प्रति कहने की कृपा करें।।33।।

घेरण्ड उवाच

मलाकुलासुनाडीसु मारूतो नैवगच्छति।

प्राणायमः कथं सिद्धस्तत्वज्ञानं कथं भवेत्।।34।।

नाडशुद्धिद्विधाप्रोक्ता समनुनिर्मनुस्तथा।

बीजेन समनुं कुर्यान्निमंनु धौतिकर्मणा।।35।।

धौतिकर्मपुरांप्रोक्तं षट्कर्मसाधनं यथा।

श्रृणुष्व समनुं चण्ड नाडीशुद्धिर्यथाभवेत्।।36।।

हिन्दी अर्थ:- घेरण्ड ऋषि ने उत्तर दिया कि नाड़ियों के मल से भरी हुई होने के कारण उसमें वायु प्रवाह नहीं हो पाता तो प्रणायाम की सिद्धि कैसे हो? और तत्वज्ञान कैसे उत्पन्न हो? इसलिए पहले नाड़ी - शोधन करें जो कि समनु और निर्मनु के भेद से दो प्रकार का होता है, बीजमन्त्र से होने वाले नाड़ी - शोधन की समनु और धौति-कर्म से होने वाले निर्मनु कहते है। धौति-कर्म का निरूपण पहले षट्कर्म साधन में कर आये है! हे चण्ड! अब समनु नाड़ी-शुद्धि जिस प्रकार हो सकती है, उसे सुनो।।34-36।।

घेरण्ड संहिता में नाड़ीशोधन विधि

श्लोक 37 से 44

उपविश्यासने योगी पद्मासनमाचरेत्। गुर्वादिन्यासनं कुर्यादयथैव गुरूभाषितम्।।37।।

नाड़ीशुद्धिं प्रकुर्वीत प्राणायामविशुद्धये। वायुबीजं ततोध्यात्वा धूमवर्ण सतैजसम्।।38।।

चन्द्रेणपूरयेद्वायुं बीजैः षोडशकैः सुधीः। चातुः षष्टयामात्रया च कुम्भकेनैव धारयेत्।

द्वाविंशन्मात्रयावायुं सूर्यनाड्या च रेचयेत्।।39।।

नाभिमूलाद्वहिनत्थाप्य धारयेत्तेजजोवनीयुतम्।

बहिनबीजंषोडशेन सूर्यनाड्या च पूरयेत।।40।।

चतुः षष्टया मात्रया च कुम्भकेनैवधारयेत्।

द्वात्रिंशन्यावायुं चन्द्रनाडया च रेचयेत्।।41।।

नासाग्रेशघृग्बिम्बे ध्यात्वाज्योत्स्नासमन्वितम्।

हं बीजषोडशेनैव इडयापूरयेन्मरूत्।।42।।

चतुःषष्टय मात्रया च वं बीजेनैवधारयेत्।

अमृतं प्लावितं ध्यात्वा नाडीधौतिं विभावयेत्।।43।।

एवं विधा नाड़ीशुद्धिं कृत्वा नाड़ी विशोधयेत्

दृढीभूत्वामनं कृत्वा प्राणायमं समाचरेत्।।44।।

हिन्दी अर्थः- योगी आसन पर बैठकर पद्मासन लगावे और गुर्वादि न्यास करे। फिर गुरू के आदेशानुसार प्राणायाम के साधनार्थ नाड़ी-शोधन करे। वायुबीज 'यं' का ध्यान करे सोलह बार जपता हुआ वाम नासिका द्वारा वायु को खींचें। ध्यान में इस वायु बीज को तेजयुक्त धूम्रवर्ण का माने। इस प्रकार चन्द्र मार्ग से पूरक करने के पश्चात् चौंसठ बार जपता हुआ कुम्भक करें और फिर 32 बार जपता हुआ दक्षिण नासिका द्वारा रेचक करें अर्थात वायु को बाहर निकाले। 36-39।। नाभि में अग्नि तत्वां प्रकट कर 'ल' युक्ता पृथिवी तत्व के सहित ध्यान करना चाहिए। सोलह मात्रा 'र' बीज का ध्यान करते हुए सूर्यनाड़ी (दक्षिण नासिका) से पूरक, चौसठ मात्रा से कुम्भक और बत्तीस मात्रा से जप करता हुआ चन्द्र नाड़ी (वाम नासिका) से रेचक करें।।40-41।। नासिका के अग्रभाग में चन्द्रबिम्ब के ध्यानपूर्वक सोहल मात्रा तक 'ह' बीज का जप करता हुआ इडा नाडी से 'य' बीज का पूरण करे। चौसठ मात्रा तक 'व' बीज जपता हुआ सुषुम्ना में कुम्भक करें। उस समय नासिका से अमृत के टपकने और उससे शरीर की सब नाड़ियों के धुलने का ध्यान करे। फिर 'ल' बीज का बत्तीस मात्रा तक जप करता हुआ पिगला नाड़ी से रेचक करें। नाड़ीशोधन पूर्ण करके आसन पर दृढता (स्थिरता) से बैठकर प्राणायाम का अभ्यास करे।।42-44।।

हठयोग प्रदीपिका में नाड़ीशोधन विधि

उपदेश - 2, श्लोक - 7 से 11

बद्धपद्मासनो योगी प्राणं चन्द्रेण पूरयेत्।

धारयित्वा यथाशक्तिः भूयः सूर्येणरेचयेत्।।7।।

प्राणं सूर्येण चाकृष्य पूरयेदुदरं शनैः।

विधिवत्स्यतंभकं कृत्वा पुनश्चंद्रेण रेचयेत।।8।।

येन त्यजेत्तेन पीत्वा धारयेदतिरोधयः।

रेचयेच्च ततोऽन्येन शनैरेव न वेगतः।।9।।

हिन्दी अर्थः- बद्ध पदमासन लगाकर बैठा हुआ योगी, चन्द्र नाड़ी से वायु से पूरक करे और फिर उसे अपनी शक्ति के अनुसार धारण करने के पश्चात सूर्य नाड़ी से निकाल दें। सूर्य नाडी से वायु को खीचकर धीरे-धीरे उदर में पूरक करें। विधिवत् कुम्भक करने के पश्चात चन्द्रनाड़ी से रेचक करें। जिस नाड़ी से वायु को निकाले, उसी से पुनः पान करके धारण करें और फिर दूसरी से निकाल दें यह कार्य शीध्रता से न करके धीरे-धीरे करना चाहिए।

प्राणं चेदिडया पिबेन्नियमितं भूयोऽन्यया रेचयेत्पीत्वा

पिंगलया समीरणमथो बद्ध्वा त्यजेद्वामया।

सूर्या चंद्रमसोरनेन विधिनाभ्यासं सदा तन्वतां

शुद्धा नाडिगणा भवंति यमिनां मासत्रयादूर्ध्वतः।। 10।।

हिन्दी अर्थः- वायु को ईडा नाड़ी से भरो, कुम्भक करो और पिंगला नाड़ी से निकाल दो। फिर पिंगला से श्वास को भरो, कुम्भक करो और इड़ा से रेचक करो। उपरोक्त विधि से सूर्य और चन्द्र नाड़ी से पूरक करें, दोनों नथुने बंद करके कुम्भक करें और दूसरी नाड़ी से रेचक करें। इस प्रकार नियमित अभ्यास करने से तीन मास में नाड़ी शोधन पूर्ण होता है। काल दें यह कार्य शीध्रता से न करके धीरे-धीरे करना चाहिए।

प्रातर्मध्यं दिने सायमर्धरात्रे च कुंभकान्।

शनैरशीतिर्यन्तं चतुर्वारं समभ्यसेत्।।11।।

हिन्दी अर्थः- प्रातःकाल, मध्यान्हकाल, सायंकाल और आधी रात के समय - दिन में चार बार - अस्सी कुम्भकों तक अभ्यास को बढ़ाना चाहिए।

शिव संहिता में नाड़ीशोधन विधि

पटल 3 - श्लोक 23 से 27

समकायः प्राञ्जलिश्च प्रणम्य च गुरून् सुधीः।

दक्षे वामे च विघ्नेशं क्षेत्रपालाम्बिकां पुनः।।23।।

हिन्दी अर्थः- समकाय अर्थात् सीधा शरीर करके हाथ जोड़के गुरूको प्रणाम करे और दक्षिण वाम भाग में गणेशजीको प्रणाम करे और क्षेत्रपाल और जगन्माता देवीको प्रणाम करना उचित है।।23।।

ततश्च दक्षाङ्गुष्ठेन निरूद्धच्य पिंङ्गला सुधीः।

इडया पूरेयेद्वायुं यथाशक्ति तु कुम्भयेत्।।24।

ततस्त्यक्त्वा पिङ्गलया शनैरेव न वेगतः।

पुनः पिङ्गलयापूर्य यथाशक्ति तु कुम्भयेत्।।25।।

इडया रेचयेद्वायुं न वेगेन शनैः शनैः।

इदं योगविधानेन कुर्याद्विंशतिकुम्भकान्।

सर्वद्वन्द्वविनिर्मुक्तः प्रत्यहं बिगतालसः।।26।।

हिन्दी अर्थः- इसके पश्चात दाहिने हाथ के अगुंठे से पिंगलाको रोक करके इडा से वायु पूरक करे अर्थात् ग्रहण करे, यथाशक्ति वायु को रोके, फिर पिंगला से शनैःशनैः रेचक अर्थात् वायु को बाहर करे। इसी प्रकार पिंगला से पूरक करके यथाशक्ति कुम्भक करे। फिर इडा से धीरे-धीरे रेचक करे, वेग से कदापि न करे। इस योग विधान से बीस कुम्भक करे और सर्वद्वन्द्वसे रहित होय अर्थात् एकाकार वृति रखे और नित्य आलस्य को त्याग करके अभ्यास करे।।24।।25।।26।।

प्रातःकाले च मध्याह्ने सूर्यास्ते चार्धरात्रके।

कुर्यादेवं चतुर्वारं कालेष्वेतेषु कुम्भाकान्।।27।।

हिन्दी अर्थः- पूर्वोक्त विधि से प्रातःकाल और मध्याह्न में और सांय-काल में और अर्द्धरात्रि में इसी तरह चार बार नित्य कुम्भक करना उचित है।।27।।

इत्थं मासद्वयं कुर्यादनालस्यो दिने दिने।

ततोनाडीविशुद्धिःस्यादविलम्बेन निश्चितम्।।28।।

हिन्दी अर्थः- इसी प्रकार आलस्य को छोड़ करके दो मास नित्य करे तो उस पुरुष की नाडी बहुत शीघ्र शुद्ध हो जाए, यह निश्चित है।।28।।

यदा तु नाडीशुद्धि स्याद् योगिनस्तत्त्वदर्शिनः।

तदा विध्वस्तदोषश्च भवेदारम्भसम्भवः।।29।।

हिन्दी अर्थः- तत्वदर्शी योगी की जब नाड़ी शुद्ध होगी तब सभी दोषों का नाश होगा और आरम्भ का संभव होगा।।29।।

नाड़ीशोधन पूर्ण होने की पहचान - वेदों में वर्णन

यथेष्टधारणं वायोरनलस्य प्रदीपनम् नादाभिव्यक्तिरारोग्यं जायते नाड़ीशोधनात् ॥99॥॥ - सामवेद की योगचुड़ामण्युपनिषद्

यथेष्टधारणाद्वायोरनलस्य प्रदीपनम्। नादाभिव्यक्तिरारोग्यं जायते नाड़ीशोधनात् ॥24॥
- अथर्ववेद की शाण्डिल्योपनिषद्

यथेष्टधारणाद्वायोरनलस्य प्रदीपनम्। नादाभिव्यक्तिरारोग्यं जायते नाड़ीशोधनात् ॥ - गोरक्ष पद्धतिः

यथेष्टधारणाद्वायोरनलस्य प्रदीपनम्। नादाभिव्यक्तिरारोग्यं जायते नाड़ीशोधनात् ॥ - हठयोग प्रदीपिका

चारों श्लोकों का एक ही अर्थ है:- "नाड़ीशोधन" करने से नाडियाँ शुद्ध होने पर वायु को यथेष्ट धारण करने की क्षमता प्राप्त हो जाती है तथा आरोग्य के लाभ के साथ जठराग्नि प्रबल हो जाती है और दिव्यनाद सुनाई पड़ने लगता है।

कृष्ण यजुर्वेद की योगतत्त्वोपनिषद् में नाड़ीशोधन पूर्ण होने की पहचान

जायन्ते योगिनो देहे तानि वक्ष्याम्यशेषतः।

शरीर लघुता दीप्तिर्जाठराग्निविवर्धनम् ॥45॥

कृशत्वं च शरीरस्य तदा जायेत निश्चितम्।

योगविघ्नकराहारं वर्जयेद्योगवित्मः ॥46॥

हिन्दी अर्थ:- वे चिन्ह ऐसे हैं कि शरीर में हल्कापन मालूम पड़ता है, जठराग्नि तीव्र हो जाती है, शरीर भी निश्चित रूप से कृश हो जाता है। ऐसे समय में योग में बाधा पहुँचाने वाले आहार का परित्याग कर देना चाहिए ॥45-46॥

आदि शंकराचार्य द्वारा नाड़ीशोधन पर जोर:-

कृष्ण यजुर्वेद - श्वेताश्वतरोपनिषद्-अध्याय 2- श्लोक 8- शांकर भाष्य

अतिभुक्तमभुक्तं च वर्जयित्वा प्रयत्नतः। नाडीसंशोधनं कुर्यादुक्तमार्गेण यत्नतः। वृथा क्लेशो भवेत्तस्य तचछोधनमकुर्वतः।।

हिन्दी अर्थः- अतिभोजन और अभोजन को प्रयत्नपूर्वक त्यागकर शास्त्रोक्त पद्धति से नाडीशोधन करें। जो योगी नाडीशोधन किये बिना अभ्यास करता है उसका श्रम व्यर्थ होता है।

प्राणायामक्षपितमनोमलस्य चित्तं प्राणायाम।

ब्रह्मणि स्थितं भवतीति निर्देशः प्राणायामो निर्दिश्यते।

प्रथमं नाडीशोधनं कर्तव्यम्। ततः प्राणायामेऽधिकारः।

हिन्दी अर्थः- प्राणायाम के द्वारा जिसके मनकी अशुद्धि क्षीण हो जाती है उसी का चित्त ब्रह्म में स्थिर होता है, इसलिये प्राणायाम का वर्णन किया जाता है। पहले नाडीशोधन करना चाहिये। उसके पीछे प्राणायाम में अधिकार होता है।

पातञ्जल योग दर्शन में नाड़ीशोधन विधि

पातञ्जल योग सूत्र के साधन पाद का 50वा सूत्र

बाह्याभ्यन्तरस्तम्भवृत्तिर्देशकालसंख्याभिः परिदृश्टो दीर्ध सूक्ष्मः।। 50।।

(पातन्जल योग दर्शन - साधन पाद)

आधा अन्तिम सूत्र - देशकालसंख्याभिः परिदृश्टो दीर्घसूक्ष्मः।।50।।

हिन्दी अर्थ व व्याख्या -

देश - स्थान

काल - समय

संख्या - गिनती

परिदृश्टो - दिखाई देना

दीर्घ - लम्बा

सूक्ष्म - महीन

वेदों के ज्ञान भाग - उपनिषदों के बताये अनुसार साफ व सुन्दर स्थान देखकर उस स्थान पर एक कुटिया बनायें।

(यह है देश का अर्थ)

प्रातः, दोपहर, सांयकाल एवं अर्द्ध रात्रि, एक दिन में चार बार अभ्यास करने से तीन महीने में नाड़ी शोधन पूर्ण होता है। किसी - किसी उपनिषद में तीन साल में पूर्ण होता है।

(यह है काल का अर्थ)

करीब चार मात्रा से शुरू कर सोलह मात्रा तक पूरक करें, आठ मात्रा से शुरू कर चौसठ मात्रा तक कुम्भक करें। चार मात्रा से शुरू कर बत्तीस मात्रा तक रेचक करें।

(यह है संख्या का अर्थ)

इसका तीन साल तक अभ्यास करने पर यह श्वास लम्बा और सूक्ष्म होता जायेगा। जैसे - 64 सैकण्ड से शुरू होकर घण्टा, दो घण्टा और दिनों में बदल जाता है, यह प्राण।

(यह है परिदृश्टो दीर्घ सूक्ष्मः का अर्थ)

सहित कुम्भक प्रकरण

प्राणायाम का तरीका

अब सहित कुम्भक की वेदोक्त व शास्त्रोक्त विधि:-

पतञ्जलि जी, शाण्डिल्य जी, सामवेद की योगचुड़ामण्युपनिषद्, गोरखनाथ जी, हठयोग प्रदीपिका आदि ने सही प्राणायाम की विधि इस प्रकार बताई है:-

बाह्यम्भ्यन्तरस्तम्भवृति................ ॥50॥ (पातञ्जल योग दर्शन)

युक्तंयुक्तं त्यजेद्वायुं युक्तंयुक्तं च पूरयेत्। युक्तंयुक्तं च बध्नीयादेवं
सिद्धिमवाप्नुयात ॥7॥ (अथर्ववेद की शाण्डिल्योपनिषद)

युक्तंयुक्तं त्यजेद्वायुं युक्तंयुक्तं प्रपूरयेत्। युक्तंयुक्तं प्रबध्नीयादेवं
सिद्धिमवाप्नुयात ॥119॥ (सामवेद की योगचुड़ामण्युपनिषद)

युक्तंयुक्तं त्यजेद्वायुं युक्तंयुक्तं च प्रपूरयेत्। युक्तंयुक्तं बध्नीयादेवं
सद्धिरदूरतः ॥21॥ (गोरक्ष संहिता 21वा श्लोक)

युक्तंयुक्तं त्यजेद्वायुं युक्तंयुक्तं च प्रपूरयेत्। युक्तंयुक्तं च बध्नीयादेवं
सद्धिमवाप्नुयात ॥18॥ (हठयोग प्रदीपिका)

इन चारों श्लोकों और पातञ्जल योग दर्शन के पचासवें आधे सूत्र का हिंदी अर्थ एक ही है।

अब हिंदी अर्थः चारो श्लोकों व सूत्र का:- युक्ति युक्ति से एक नथुने से श्वास बाहर निकालो, यानि रेचक करो और फिर उसी नथुने से श्वास अंदर भरो, यानि पूरक करो। और दोनों नथुनों को अंगुठें व दोनों अँगुलियों से बन्द करो व श्वास को रोकों यही "सहित अन्तः कुम्भक" प्राणायाम कहलाता ळें

जब "सहित कुम्भक" करते-करते करीब दो महीने हो जाय तब मूलबन्ध लगाना शुरु करें। मूलबन्ध लगाने से प्राण, अपान समान हो जाते हैं। आपस में मिल जाते हैं। प्राण, अपान संयुक्त हो जाते हैं।

अब मूलबन्ध:- सिद्धासन में बैठकर दाये पांव की एड़ी से सीवन (गुदा और उपस्थ के बीच सिलाई जैसा) स्थान को पीड़ित करते हुए द्दढ़तापूर्वक - संकुचित करें व अपान वायु को ऊपर की ओर खींचने को मूलबन्ध कहते है।

"सहित कुम्भक" से लाभ:- नाड़ीशोधन से सिर्फ - मोटी, बड़ी लम्बी नाड़ियों की सफाई होती है। लेकिन लीवर, अग्नाशय, प्लीहा ग्रंथि, स्तन ग्रंथियां आदि व बहिर्स्राव, अन्तः स्त्राव व उभयस्त्राव ग्रंथियों में बहुत महीन नाड़ियां यानि पीपल के पत्ते की नसों से भी महीन नाड़ियां होती हैं। उन नाड़ियों में अपानवायु गन्दे खून का म्यूकस जम जाता है और नाड़ियों में रक्त बहना बन्द हो जाता है। नाड़ियां अवरुद्ध हो जाती है। उनको साफ़ करता है "सहित कुम्भक" (प्राणायाम)।

अब आप लोग समझ गये कि आसक्ति ही पाप है। और उन पापों को प्राणायाम द्वारा नष्ट किया जा सकता है। अब आप देखिये प्राणायाम द्वारा बिमारियों या रोगों को कैसे नष्ट किया जा सकता है।

अगर आपने प्राणायाम को विधिवत किया तो इस शरीर से मानसिक व शारीरिक रोग भाग जायेंगे। (विधिवत मतलब वेद, शास्त्र, पुराण व श्रीमद्भगवद् गीता जी, पातञ्जल योगदर्शन व योगवशिष्ठ (महारामायण) द्वारा प्रमाणित)। अगर आपने विधिविहीन किया तो यह शरीर मानसिक व शारीरिक रोगों का घर बन जायगा।

वेदों में यह खोज हो चुकी है कि विधिवत प्राणायाम करने से, इस शरीर के मानसिक व शारीरिक, सभी प्रकार के रोग नष्ट होकर, किस प्रकार परमात्मा प्राप्ति हो सकती है। साथ ही साथ यह खोज भी हो चुकी है कि गलत विधि से प्राणायाम करने पर किस प्रकार यह शरीर हर प्रकार के रोगों का घर बन जाता है।

नीचे तीन श्लोकों में दिया गया है युक्ति और अयुक्ति। कृपया जानें, देखे, सामवेद की योगचुड़ामण्युपनिषद का 116वा श्लोक, गोरक्ष संहिता का 18वा श्लोक व हठयोगप्रदीपिका का 16वा श्लोक

1) प्राणायामेन युक्तेन सर्वरोगक्षयो भवेत्। प्राणायाम वियुक्तेभ्यः सर्वरोगसमुद्भवः।।116।।

- (सामवेद की योगचुड़ामण्युपनिषद)

2) प्राणायामेन युक्तेन सर्वरोगक्षयो भवेत्। अयुक्ताभ्यासंयोगेन सर्वरोगस्य संभवः।।18।।

- (गोरक्ष संहिता)

3) प्राणायामादियुक्तेन सर्वरोगक्षयो भवेत्। अयुक्ताभ्यासंयोगेन सर्वरोगसमुद्भवः।।16।।

- (हठयोग प्रदीपिका)

हिंदी अर्थ:- विधिवत या युक्ति से प्राणायाम करने पर सभी रोगों का नाश होता है, विधिविहीन या अयुक्ति से प्राणायाम करने पर इस शरीर में सभी प्रकार के रोग प्रवेश कर जाते हैं।

चित्त की शुद्धि के लिए प्राणायाम से बढ़ कर कुछ भी नहीं
- आदि शंकराचार्य

कृष्ण यजुर्वेद की श्वेताश्वतरोपनिषद् (शांकर भाष्य) में अध्याय 2 के श्लोक 6 (शांकर भाष्य) में शंकराचार्य द्वारा यह प्रमाणित किया गया है

"प्राणायामविशुद्धात्मा यस्मात्पश्यति तत्परम्।

तस्मान्नातः परं किञ्चित्प्राणायामादिति श्रुतिः।।

अनेकजन्मसंसारचिते पापसमुच्चये।

तत्क्षीणे जायते पुंसां गोविन्दाभिमुखी मतिः।।

जन्मान्तरसहस्त्रेषु तपोज्ञानसमाधिभिः।

नराणां क्षीणपापानां कृष्णे भक्तिः प्रजायते।।"

हिन्दी अर्थः- क्योंकि जिसका चित्त प्राणायाम के अभ्यास से शुद्ध हो गया है वही उस परमात्मा का साक्षात्कार करता है, इसलिये इस प्राणायाम से बढ़कर कुछ भी नहीं है - ऐसी श्रुति है। अनेक जन्मों के संसार से जो पापराशि संचित हो गयी है उसके क्षीण हो जाने पर पुरूषों की बुद्धि श्रीगोविन्द की ओर होती है। सहस्त्रों जन्मों के अनन्तर तप, ज्ञान और समाधि के द्वारा जिनके पाप क्षीण हो गये है उन पुरूषों की श्रीकृष्णचन्द्र में भक्ति होती है।

विधिवत प्राणायाम

1) प्राणायामेन युक्तेन सर्वरोगक्षयो भवेत्।।116।। - (सामवेद की योगचुड़ामण्युपनिषद)

2) प्राणायामेन युक्तेन सर्वरोगक्षयो भवेत्।।18।। - (गोरक्ष संहिता)

3) प्राणायामादियुक्तेन सर्वरोगक्षयो भवेत्।।16।। - (हठयोग प्रदीपिका)

ऊपर का आधा श्लोक यह कहता है कि यदि साधक प्राणायाम को वेदों के कहे अनुसार करता है अर्थात युक्ति-युक्त करता है तो वह सभी प्रकार के (मानसिक व शारीरिक) रोगों से मुक्ति पाता है।

वेदोक्त और शास्त्रोक्त प्राणायाम ही विधिवत प्राणायाम है

प्राण वायु व अपान वायु दोनों ही प्रमुख है। इसमें भी प्राण वायु प्रधान हैं। अपान वायु शरीर में गन्दगी फैलाती है। और प्राण, अपान को संयुक्त कर देना, दोनों को सामान कर देना - या दोनों को मिला देना ही प्राणायाम है। चूँकि मुख्य प्राणवायु अपने आप को पाँच नाम से अलग-अलग करके सभी पंच प्राण शरीर का संचालन करती हैं। इनको मिला देना ही प्राणायाम है।

हमने नाड़ीशोधन, सहित कुम्भक व "कैवल कुम्भक" आदि को किन किन ग्रंथों, उपनिषदों, शास्त्रों व पुराणों तथा योग वशिष्ठ तथा पातञ्जल योग दर्शन व श्रीमद् भगवद् गीता तथा ज्ञानेश्वरी गीता आदि से लिया है। जो निम्नलिखित हैं।

1 - श्रीमद्भगवद्गीता
2 - योगवशिष्ठ महारामायण
3 - श्री ज्ञानेश्वरी गुढार्थ दीपिका
4 - पातञ्जल योग दर्शन
5 - शिव संहिता
6 - हठयोग प्रदीपिका
7 - गोरक्ष संहिता
8 - घेरण्ड संहिता
9 - शिव महापुराण
10 - श्रीमद् भागवत महापुराण
11 - कूर्म महापुराण
12 - अग्नि महापुराण
13 - श्री लिंग महापुराण
14 - श्री मार्कण्डेय महापुराण
15 - श्री विष्णु महापुराण
16 - श्री ब्रह्म महापुराण
17 - यजुर्वेद की त्रिशिखिब्राहमणोपनिषद
18 - यजुर्वेद की ब्रह्मविद्योपनिषद
19 - यजुर्वेद की अमृतनादोपनिषद
20 - यजुर्वेद की योगतत्त्वोपनिषद
21 - अथर्वेद की शाण्डिल्योपनिषद
22 - अथर्वेद की प्रश्नोपनिषद
23 - सामवेद की जाबालदर्शनोपनिषद
24 - यजुर्वेद की ध्यानबिंदुपनिषद
25 - सामवेद की योगचूड़ामण्युपनिषद
26 - यजुर्वेद की मंडलब्राह्मणोपनिषद
27 - यजुर्वेद की योगशिखोपनिषद

वेदों, शास्त्रों व पुराणों तथा श्रीमद भगवद्गीताजी व योगवशिष्ठ में प्राणायाम किसे कहते हैं?

सिर्फ कुम्भक ही प्राणायाम है।

सभी वेद एवं शास्त्रों ने केवल कुम्भक को ही प्राणायाम बताया है। वेदों, शास्त्रों, पुराणों, श्रीमद भगवद्गीता जी तथा योग वशिष्ठ आदि में प्राणायाम को निम्न-लिखित नाम दिये गये हैं।

(1) प्राण, अपान को संयुक्त करना प्राणायाम कहलाता हैं। यह सहित कुम्भक है।

(2) प्राण अपान को एक करना प्राणायाम कहलाता है। यह सहित कुम्भक है।

(3) प्राण, अपान समान करना को प्राणायाम कहते हैं। यह सहित कुम्भक है।

(4) प्राण, अपान का संयोग होना ही प्राणायाम है। यह सहित कुम्भक है।

(5) प्राण, अपान का निरोध होना ही प्राणायाम है। यह सहित कुम्भक है। यहाँ निरोध का मतलब रोकना है।

(6) प्राण, अपान का मिलन होना ही प्राणायाम है। यह सहित कुम्भक है।

(7) प्राण का संचार रोकना ही प्राणायाम है। यह सहित कुम्भक है।

(8) पंच प्राण संयत होना ही प्राणायाम है। यह सहित कुम्भक है।

(9) प्राण, अपान का ऐकीकरण होना ही प्राणायाम है। यह सहित कुम्भक है।

(10) "सहित कुम्भक" ही प्राणायाम है। यह अन्तिम "कैवल कुम्भक" है।

वेदों, पुराणों, शास्त्रों में कुम्भक ही प्राणायाम है

अपान प्राण का ऐकीकरण करना ही प्राणायाम है। ये सभी के सभी "सहित कुम्भक" प्राणायाम है।

1) योगतत्त्वोपनिषद - 120 - 121 - 122

2) श्रीमद्भगवद्गीता - 4 - 29

3) शिव संहिता - चतुर्थ पटल - 64 - 65 - 66 - 67

4) हठयोग प्रदिपिका - तृतीय उपदेश - 65

5) गोरक्ष पद्धति - प्रथमशतकम - 80 - 81

6) मंडलब्राह्मणोपनिषद - खंड - 2 - श्लोक - 2

प्राण, अपान का संयोग होना ही प्राणायाम है। ये सहित कुम्भक प्राणायाम है।

1) शाण्डिल्योपनिषद - खंड - 6 - अध्याय - 1 - श्लोक - 1

2) श्वेताश्वतरोपनिषद - अध्याय - 2 - श्लोक 8 का शांकर भाष्य

प्राण, अपान का निरोध होना ही प्राणायाम है। यह "सहित कुम्भक" है। यहाँ निरोध का मतलब है प्राण, अपान का रोकना। रोकने से कुम्भक बनता है।

1) श्री लिंग महापुराण - अध्याय - 8 - श्लोक - 46

2) कूर्म पुराण - उपरि विभाग (ईश्वर गीता) - अध्याय - 11 - श्लोक - 30

पांच प्राण संयत होना ही प्राणायाम है।

1) मार्कण्डेय महा पुराण - अध्याय - 36 - श्लोक - 40

महर्षि पतंजलि जी द्वारा
"सहित कुम्भक" या "प्राण, अपान संयुक्त"

यह पातञ्जल योगदर्शन में एक ही प्राणायाम का - तीसरा स्तर

अब यह रहा पातञ्जल योग दर्शन का 50वा सूत्र -

बाह्याभ्यन्तरस्तम्भवृत्तिर्देशकालसंख्याभिः परिदृश्टो दीर्ध सूक्ष्मः।। 50।।

(पातञ्जल योग दर्शन)

यह वो प्राणायाम है जो नाड़ीशोधन पूर्ण होने के बाद किया जाता है। इसी को तीन साल तक करने पर समाधि लगने के लक्षण शुरू हो जाते है।

यह शरीर अब मानसिक व शारीरिक रुप से प्राणायाम करने के काबिल हो गया है।

पातञ्जल योग दर्शन के साधन पाद का 50वा सूत्र का पहला आधा भाग

बाह्याभ्यन्तरस्तम्भवृत्ति।।50।। (पातञ्जल योग दर्शन)

प्राण वायु को बाहर निकालों, अंदर भरो और रोको

हिंदी अर्थः- दाहिने हाथ के अंगूठे से दाहिना नथुना दबाकर बायें नथुने से प्राण वायु बाहर निकाले इसे रेचक कहते हैं। अब इसी बायें नथुने से वायु को अंदर भरें, इसको पूरक कहते हैं। अब दोनों नथुनों को अंगूठे व दोनों अँगुलियों से बंद करें व रोक कर रखें। इसे कुम्भक कहते हैं। इसे ही "सहित कुम्भक" प्राणायाम कहते हैं। जब "सहित कुम्भक" में मूलबन्ध लगाया जाता है तब यह प्राण, अपान संयुक्त करना कहलाता है। और यही प्राणायाम कहलाता है।

"सहित कुम्भक" द्वारा लाभः-

सभी बीमारियों को ख़त्म करता है। इस कुम्भक के द्वारा प्राण अपान मिल कर सम्पूर्ण शरीर की शारीरिक व मानसिक बीमारियां नष्ट हो जाती हैं। क्योंकि इसके बाद वाले प्राणायाम के स्तर "कैवल कुम्भक" में बीमारी वाले का प्रवेश नहीं है।

नाड़ीशोधन में पूरक, कुम्भक और रेचक के क्रम से किया जाता है। प्राणायाम में रेचक पहले किया जाता है फिर पूरक किया जाता है इसके बाद अन्तिम कुम्भक किया जाता है। इसलिए कुम्भक को प्राणायाम कहा जाता है।

अमृतनादोपनिषद - कृष्ण यजुर्वेद
में प्राणायाम का तरीका
श्लोक - 12 - 13 - 14

रेचक -

उत्क्षिप्य वायुमाकाशे शून्यं कृष्ट्वा निरात्मकम्।

शून्यभावे नियुंजीयाद्रेचकस्येति लक्षणम्।।12।।

हिन्दी अर्थ:- (नासिका द्वारा) प्राणवायु को आकाश में निकालकर हृदय को वायु से रहित एवं चिन्तन से रिक्त करते हुए शून्यभाव में मन को स्थिर करने की प्रक्रिया ही 'रेचक' है। यही रेचक का लक्षण है।

पूरक -

वक्त्रेणोत्पलनालेन तोयमाकर्शयेन्नरः।

एवं वायुर्ग्रहीतव्यः पूरकस्येति लक्षणम्।।13।।

हिन्दी अर्थ:- जिस प्रकार पुरूष मुख के माध्यम से कमल-नाल द्वारा शनैः-शनैः जल को ग्रहण करता है, उसी प्रकार मन्द गति से प्राण वायु को अपने अन्तःकरण में धारण करना चाहिए। यही प्राणायाम के अन्तर्गत 'पूरक' का लक्षण है।।13।।

कुम्भक के लक्षण -

नोच्छ्वसेन्न च निष्वसेन्नेव गात्राणि चालयेत्।

एवं भावं नियुंजीयात्कुम्भकस्येति लक्षणम्।।14।।

हिन्दी अर्थ:- ष्वास को न तो अन्तःकरण में आकृष्ट करे और न ही बहिर्गमन करे तथा शरीर में कोई हलचल भी न करे। इस तरह से प्राण वायु को रोकने की प्रक्रिया को 'कुम्भक' प्राणायाम का लक्षण कहा गया है।।14।।

वेदों व शास्त्रों द्वारा प्रमाणित सहित कुम्भक की विधि

प्राणायाम के अंतिम दो स्तर -

पहला स्तर:- रेचक पूरक के साथ किया जाता है। इसलिए उसे "सहित कुम्भक" कहा जाता है।

दूसरा स्तरः- "कैवल कुम्भक" कहलाता है। इसमें रेचक, पूरक नहीं होते हैं। इसलिए यह "कैवल कुम्भक" कहलाता है। और यही प्राणायाम कहलाता है। यही पातञ्जल योग दर्शन का - चौथा प्राणायाम है। साधन पाद का 51वा सूत्र।

सामवेद की योगचुड़ामण्युपनिषद् में प्राणायाम का तरीका - श्लोक - 46-47

अपान, प्राण को एक में मिलाना या प्राण, अपान को संयुक्त करना, पहले स्तर का प्राणायाम है। इसको वैदिक भाषा में या योग की भाषा में "सहित कुम्भक" कहा जाता है।

अपान-प्राण एक करने की विधिः-

पार्ष्णियातेन संपीडय योनिमाकुन्चयेद्दृढम्।

अपानमूर्ध्वमाकृष्य मूबन्धो विधीयते।। 46।।

अपानप्राणयोरैक्यं क्षयान्मूत्रपुरीषयोः।

युवा भवति वृद्धोऽपि सततं मूलबंधनात्।। 47।।

हिन्दी अर्थः- ऐडी से दबाव डालकर योनि (सीवन) स्थान को पीड़ित करते हुए दृढ़तापूर्वक संकुचित करें, अपान वायु को ऊपर की ओर खींचने की इस प्रक्रिया को मूलबंध कहा जाता है। इस प्रकार प्राण और अपान को एक में मिलाया जाता है, इससे मल-मूत्र कम हो जाता है। इस प्रकार मूलबन्ध का अभ्यास करने से वृद्ध भी युवा हो जाता है।। 46-47 ।।

कृष्ण यजुर्वेद की योग-तत्वोपनिषद् में प्राणायाम का तरीका

श्लोक - 120 - 121 - 122

अपान-प्राण को एक करना या संयुक्त करने को "सहित कुम्भक" कहा जाता है। और यही पहले स्तर का प्राणायाम है।

अपान-प्राण को संयुक्त करने की विधिः-

पार्ष्णिभागेन संपीऽय योनिमाकृञ्चष्कद्दृढम्।।120।।

अपानमूर्ध्वमुत्थाप्य योनिबन्धोऽयमुच्यते।।121।।

प्राणापानौ नादबिन्दूमूलबन्धेन चैकताम्।।122।।

हिन्दी अर्थः- एड़ी से योनि स्थान को ठीक प्रकार से दबाकर अपान वायु को ऊपर की ओर खींचे, इस तरह अपान को ऊर्ध्व की ओर उठाये, यही योनि बंध कहलाता है। इस क्रिया से प्राण, अपान, नाद और बिन्दु में मूलबंध के द्वारा एकता की प्राप्ति होती है और यह संशयरहित योग सिद्ध कराने वाला है।।120, 121, 122।।

शिव संहिता में प्राणायाम का तरीका

चतुर्थ पटल - श्लोक - 64-65-66-67

अपान, प्राण को एक करना या संयुक्त करना - यह पहले स्तर का प्राणायाम है। इसको योग की भाषा में "सहित कुम्भक" कहा जाता है। यही श्रीमद्भगवद् गीताजी के अ० 15 के 14वें श्लोक में प्राण, अपान को संयुक्त करने की विधि है।

पादमूलेन संपीडय गुदमार्गेषु यन्त्रितम्।।64।।

बलादपानमाकृष्य क्रमादूध्वै सुचारयेत्।

कल्पितोऽयं मूलबन्धो जरामरणनाशनः।।65।।

अपान प्राणयौरैक्यं प्रकरोत्यधिकल्पितम्।

बन्धेनानेन सुतरां योनिमद्रा प्रसिद्धयति।।66।।

सिद्धायां योनिमुद्रायां किंन सिध्यति भूतले।

बन्धस्यास्य प्रसादेन गगने विचितानिलः।।

पद्यासने स्थितो योगी भुवमुत्सृज्य वर्तते।।67।।

हिन्दी अर्थ:- एडी से सीवन स्थान को आकुंचित करके पीड़ित करे और बलपूर्वक अपान वायु को आकर्षित करके ऊपर की ओर चढाये। यह मूलबन्ध जरा-मृत्यु का नाश करने वाला है।। 64 ।। 65 ।। इस प्रकार कल्पित हुए बंध से अपान और प्राण को एक करें तो मूल बंध के द्वारा योनिमुद्रा स्वयं ही सिद्ध हो जाती है।। 66 ।। योनिमुद्रा के सिद्ध होने पर सिद्ध पुरूषों का इस जगत में ऐसा क्या है जो सिद्ध नहीं हो सकता? इस मूलबंध के प्रभाव से योगी वायु को जीतकर आकाश गमन की शक्ति प्राप्त कर लेता है। मूलबन्ध सहित यह प्राणायाम जरा-मृत्यु का नाश करने वाला है।। 67 ।। इसलिए "सहित कुम्भक" में मूलबन्ध लगा कर प्राण, अपान का एकीकरण या संयुक्त कर विधिवत अभ्यास करें।

प्राणवायु हमारे शरीर में हृदय आकाश में उत्पन्न होती है। इसका शरीर में उत्पादन बंद होते ही यह शरीर मर जाता है, क्योंकि यह शरीर ऑक्सीजन से नहीं चलता है। ऑक्सीजन अपान वायु को सहयोग कर ताकत देती है। जब शरीर में प्राणवायु बंद हो जाती है तब कितना ही ऑक्सीजन दे दो। प्राण और अपान संयुक्त करना प्राणायाम है।

हृदय-कमल के आसन पर पार्वतीसहित भगवान् शिव का चिंतन करके ध्यान-यज्ञ के द्वारा उनका पूजन करे।।60 1/2।।

हठयोग प्रदिपिका में प्राणायाम का तरीका

तृतीय उपदेश श्लोक - नं. 65

प्राण-अपान को एक करने की विधि (मूलबन्ध सहित):-

अपान, प्राण का मिलन होना या प्राण, अपान को - संयुक्त करना - पहले स्तर का प्राणायाम कहलाता है। इसको योग की भाषा में "सहित कुम्भक" कहा जाता है।

अपान को प्राण में मिलाने की विधि:-

अपान प्राणयोरक्म क्षयो मूत्र पूरीषयोः।

युवा भवति वृद्धोऽपी सततं मूलबन्धनात।।65।।

हिन्दी अर्थ - मूलबंध के निरंतर अभ्यास के प्राण और अपान का मिलन हो जाता है। मल, मूत्र अत्यंत कम हो जाता है और वृद्ध व्यक्ति भी युवा हो जाता है।

प्राण और अपान को विधिवत् संयुक्त करने से - बूढ़ा भी जवान हो जाता है।

गोरक्षपद्धतिः में प्राणायाम का तरीका

प्रथम शतकम - श्लोक - 80-81

गोरक्षपद्धतिः में प्राण वायु और अपान वायु को मिलाने की विधि:-

प्राण, अपान को - संयुक्त करना या अपान, प्राण का - मिलन होना पहले स्तर का प्राणायाम कहलाता है। योग की भाषा में इसको "सहित कुम्भक" कहा जाता है।

अपान को प्राण में एकीकरण करने की विधि:-

पार्ष्णिभागने संपीडय योनिमाकृञ्जयेद्गुदम।

अपानमूर्ध्वमाकृष्य मूलबन्धो विधीयते।।80।।

अपानप्रायोरैक्यात् क्षयो मूत्रपुरीषयोः।

युवाभवति वृद्धोऽपि सततं मूलबन्धनात्।।81।।

हिन्दी अर्थ:- अपान वायु को ऊपर की ओर खींचकर प्राणवायु से मिलावे और पांव की एडी से योनिस्थान को दृढ़ता से दबाकर गहयद्वार को सिकोड़े, यह मूलबंध कहलाता है। इस प्रकार जो साधक अपान और प्राणवायु एकीकरण के अभ्यास में लगा रहता है, उसके मूल और मल क्षय हो जाते हैं। यदि वह वृद्ध हो तो युवा हो जाता है।

मूलबन्ध सहित यह प्राणायाम वृद्ध को युवा करने वाला है।

आदि शंकराचार्य द्वारा प्राणायाम

कृष्ण यजुर्वेद- श्वेताश्वतरोपनिषद्- अध्याय 2- श्लोक 8 (शांकर भाष्य)

प्राणापानसमायोगः प्राणायामः प्रकीर्तितः। प्रणवं त्र्यात्मकं गार्गि रेचपूरककुम्भकम्।। तदेतत्प्रणवं विद्धि तत्स्वरूपं ब्रवीम्यहम्। यो वेदादौ स्वरः प्रोक्तो वेदान्तेषु प्रतिष्ठितः।। तयोरन्तं तु यद्गार्गि वर्गपञ्चकपञ्चमम्। रेचकं प्रथमं विद्धि द्वितीयं पूरकं विदुः।। तृतीयं कुम्भकं प्रोक्तं प्राणायामस्त्रिरात्मकः। त्रयाणां कारणं ब्रह्म भारूपं सर्वकारणम्।।

रेचकः कुम्भको गार्गि सृष्टिस्थित्यात्मकावुभौ। पूरकस्त्वथ संहारः कारणं योगिनामिह।। पूर येत्षोडशैर्मात्रैरापादतलमस्तकम्। मात्रैर्द्वात्रिंशकैः पश्चाद्रेचयेत्सुसमाहितः।। सम्पूर्णकुम्भवद्वायोर्निश्चलं मूर्धदेशतः। कुम्भकं धारणं गार्गि चतुःषष्टया तु मात्रया।।

हिन्दी अर्थः- प्राण और अपान का संयोग होना ही प्राणायाम कहलाता है। हे गार्गि! प्रणव त्रिरूप है। ये जो रेचक, पूरक और कुम्भक हैं इन्हें प्रणव ही समझो। मैं तुम्हें प्रणव का स्वरूप बतलाता हूँ। वेद के आदि में जो स्वर (अ) है और जो स्वर (उ) वेदान्तों में स्थित है तथा इनके पीछे जो पंचम वर्ग (पवर्ग) - का पंचम वर्ण (म) है, इन (ओंकार की तीन मात्रा अ, उ और म) - में प्रथम वर्ण को रेचक जानो, द्वितीय को पूरक समझा जाता है और तृतीय को कुम्भक बतलाया गया है। इस प्रकार यह तीन अंगोंवाला प्राणायाम है। इन तीनों कका कारण सभी का कारण रूप प्रकाशमय ब्रह्म है। हे गार्गि! रेचक और कुम्भक - ये दोनों तो क्रमशः सृष्टि और स्थिति रूप हैं तथा पूरक संहार रूप है। इस प्रकार ये योगियों की उत्पत्त्यादि कारण हैं। पहले षोडश मात्रा क्रम से पैरों से लेकर मस्तकपर्यन्त पूरक करें। फिर खूब सावधानी से बत्तीस मात्रा क्रम से रेचक करे और हे गार्गि! भरे हुए घड़े के समान चौंसठ मात्रा क्रम से मूर्द्ध देश में कुम्भक करता हुआ वायु को निश्चल भाव से धारण करें।

राजस्थान पुलिस की ओलिंपिक खिलाडी सपना पूनिया जी को सूत्र-नेति करवाते हुए - गुरूजी स्वामि बालेंदु गिरि जी महाराज एवं सरिता राणा जी

कोमल चौधरी को सूत्र नेति करवाते हुए, स्वामि बालेंदु गिरि जी महाराज

रेखा चौधरी को सूत्र नेति करवाते हुए, स्वामि बालेंदु गिरि जी महाराज

स्वामि बालेंदु गिरि जी महाराज द्वारा प्रशिक्षित राजस्थान पुलिस के खिलाडी सूत्र नेति करते हुए

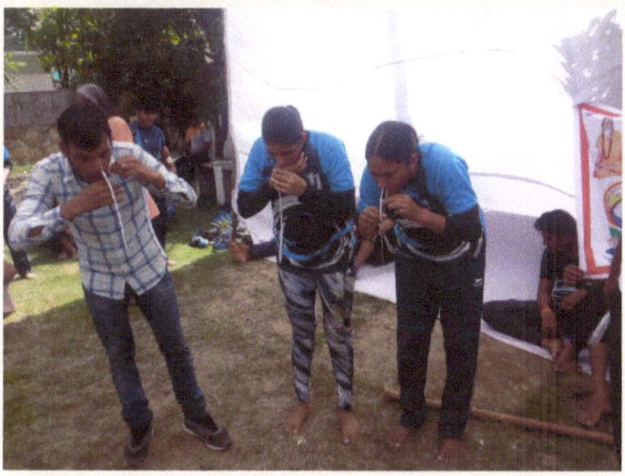

राजस्थान पुलिस के खिलाडी - स्वामि बालेंदु गिरि जी महाराज द्वारा योग प्रशिक्षण प्राप्त करते हुए - जयपुर (राजस्थान) 2017

अध्यात्म प्रकरण

अध्यात्म दर्शन में प्राण

प्राण ही संवर्ग है।

छान्दोग्योपनिषद - वेद - सामवेद तलवकार ब्राह्मण

के अंतर्गत अध्याय - 4 - खण्ड - 3 - श्लोक - 3

अथाध्यात्मं प्राणो वाव संवर्गः स यदा स्वपिति प्राणमेव वागप्येति

प्राणं चक्षुः प्राणं श्रोत्रं प्राणं मनः प्राणो ह्येवैतान्सर्वान्संवृङ्क्त इति।।3।।

हिंदी अर्थ:- अब अध्यात्मदर्शन कहा जाता है - प्राण ही संवर्ग है। जिस समय वह पुरुष सोता है, प्राणको ही वाक् इन्द्रिय प्राप्त हो जाती है; प्राण को ही चक्षु, प्राण को ही श्रोत्र और प्राण को ही मन प्राप्त हो जाता है, प्राण ही इन सबको अपनेमें लीन कर लेता है।।3।।

शांकर भाष्य:-

अथानन्तरमध्यात्ममात्मनि संवर्गदर्शनमिदमुच्यते - प्राणो मुख्यो वाव संवर्गः।

स पुरुषो यदा यस्मिन्काले स्वपिति प्राणमेव वागप्येति वायुमिवाग्निः।

प्राणं चक्षुः प्राणं श्रोत्रं प्राणं मनः प्राणो हि यस्मादेवैतान्वागादीन्सर्वान्संवृङ्क्त इति।।3।।

हिंदी अर्थ:- अब आगे यह अध्यात्म अर्थात् शरीरमें संवर्गदर्शन कहा जाता है। मुख्य प्राण ही संवर्ग है। यह पुरुष जिस समय सोता है उस समय प्राणको ही वाक् इन्द्रिय प्राप्त हो जाती है, जिस प्रकार की अग्नि वायुको। तथा प्राणको ही चक्षु, प्राणको ही श्रोत्र और प्राणको ही मन प्राप्त हो जाता है; क्योंकि प्राण ही इन वाक् आदि सबको अपनेमें लीन कर लेता है।।3।।

किसी वर्ण-विशेष का ही रहना आवश्यक नहीं

योगसाधना में किसी वर्ण-विशेष का ही रहना आवश्यक नहीं है, कोई क्यों न हो, वह योगका आश्रय ले सकता है। भगवान् वेदव्यासने महाभारतमें इसका स्पष्ट निर्देश किया है -

अपि वर्णावकृष्टस्तु नारी वा धर्मकाङ्क्षिणी।

तावप्येतेन मार्गेण गच्छेतां परमां गतिम् ॥

हिंदी भाव:- भाव यह है कि कोई भी वर्णका पुरुष और स्त्री ही क्यों न हो, यदि उनके मनमें धर्मसम्पादनकी अभिलाषा है तो इस योगमार्गका सेवन करनेसे उन्हें भी परमगतिकी प्राप्ति हो सकती है।

विदुर निति

विदुर निति में जीवन चरित्र - श्लोक न० 4 -

अशिष्यं शास्ति यो राजन् यश्च शून्यमुपासते।

कदर्यं भजते यश्च तमाहुर्मूढचेतसम्।।

हिंदी अर्थः- राजन्! जो अनाधिकारी को उपदेश देता और शून्य की उपासना करता है तथा जो कृपण का आश्रय लेता है, उसे मूढ़ चित्त वाला कहते हैं।

चित्त की शुद्धि के लिए प्राणायाम से बढ़ कर कुछ भी नहीं

कृष्ण यजुर्वेद की श्वेताश्वतरोपनिषद् (शांकर भाष्य) में अध्याय 2 के श्लोक 6 (शांकर भाष्य) में शंकराचार्य द्वारा यह प्रमाणित किया गया है

"प्राणायामविशुद्धात्मा यस्मात्पश्यति तत्परम्।

तस्मान्नातः परं किञ्चित्प्राणायामादिति श्रुतिः।।

अनेकजन्मसंसारचिते पापसमुच्चये।

तत्क्षीणे जायते पुंसां गोविन्दाभिमुखी मतिः।।

जन्मान्तरसहस्त्रेषु तपोज्ञानसमाधिभिः।

नराणां क्षीणपापानां कृष्णे भक्तिः प्रजायते।।"

हिन्दी अर्थः- क्योंकि जिसका चित्त प्राणायाम के अभ्यास से शुद्ध हो गया है वही उस परमात्मा का साक्षात्कार करता है, इसलिये इस प्राणायाम से बढ़कर कुछ भी नहीं है - ऐसी श्रुति है। अनेक जन्मों के संसार से जो पापराशि संचित हो गयी है उसके क्षीण हो जाने पर पुरूषों की बुद्धि श्रीगोविन्द की ओर होती है। सहस्त्रों जन्मों के अनन्तर तप, ज्ञान और समाधि के द्वारा जिनके पाप क्षीण हो गये है उन पुरूषों की श्रीकृष्णचन्द्र में भक्ति होती है।

नित्य 100 प्राणायाम करने से लाभ

कृष्ण यजुर्वेद की श्वेताश्वतरोपनिषद् (शांकर भाष्य) अध्याय - 2

प्राणायामशतं स्नात्वा यः करोति दिने दिने।

मातापितृगुरूघ्नोऽपि त्रिभिर्वर्षैर्व्यपोहति।।

हिन्दी अर्थ:-जो पुरूष प्रतिदिन स्नान करके सौ प्राणायाम करता है वह यदि माता, पिता या गुरू की हत्या करने वाला हो तो भी तीन वर्ष में उस पाप से मुक्त हो जाता है। "समस्त पापों से मुक्ति प्राप्त होती है"

ऋग्वेद की निर्वाणोपनिषद में ब्रह्म (परमात्मा)

श्लोक - 25 - 26

धैर्यकन्था। उदासीनकौपीनम्। विचारदण्डः। ब्रह्मावलोकयोगपट्टः। श्रियां पादुका। परेच्छाचरणम्। कुण्डलिनीबन्धः। परापवादमुक्तो जीवमुक्तः। शिवयोगनिद्रा च। खेचरीमुद्रा च। परमानन्दी। निर्गुणगुणत्रयम्। विवेकलभ्यम्। मनोवागगोचरम्। अनित्यं जगद्यज्जनितं स्वप्नजगदभ्रगजादितुल्यम्। तथा देहादिसंघातं मोहगुणजालकलितं तद्रज्जुसर्पवत्कल्पितम्। विष्णुविध्यादिशताभिधानलक्ष्यम्। अङ्कुशो मार्गः। शून्यं न संकेतः। परमेश्वरसत्ता। सत्यसिद्धयोगो मठः। अमरपदं न तत्स्वरूपम्। आदिब्रह्मस्वसंवित्। अजपा गायत्री। विकारदण्डो ध्येयः।। 25-36 ।।

हिंदी अर्थ:- धैर्य उन (संन्यासियों) की गुदड़ी है। उदासीन प्रवृत्ति उनकी कौपीन (लँगोटी) है। विचार ही उनका दण्ड है, ब्रह्म का अवलोकन ही उनका योगपट्ट है, सम्पदा उनकी पादुका है (धन-सम्पदा को वे पैर की जूती की तरह तुच्छ वस्तु समझते हैं)। परेच्छा ही उनका आचरण है (ईश्वर की इच्छा से ही वे देह धारण और चेष्टा करते हैं)। कुण्डलिनी ही उनका बन्ध है। वे परापवाद (परनिन्दा) से मुक्त होकर जीवन्मुक्त होते हैं। कल्याणकारी ईश्वर के साथ योग ही उनकी निद्रा है। उस निद्रा और खेचरी मुद्रा को धारण करके वे परमानन्द का अनुभव करते हैं। वह (ब्रह्म) तीनों गुणों से अतीत अर्थात् त्रिगुणातीत-निर्गुण है। वह विवेक द्वारा प्राप्त किया जा सकता है। वह मन और वाणी द्वारा प्राप्य नहीं है अर्थात् वह मन और वाणी का अविषय है। (जिस प्रकार) यह जगत् अनित्य, इससे जो जन्मा है, वह स्वप्न के संसार की तरह और आकाश में बने बादलों के हाथी आदि की तरह मिथ्या है, उसी प्रकार यह देह आदि संघात, मोह आदि दोषों से युक्त है और यह सब रस्सी में सर्प की भ्रान्ति के समान मिथ्या है। विष्णु, विधि (ब्रह्मा) आदि सैकड़ों नामों वाला ब्रह्म ही लक्ष्य है। इन्द्रियों पर अंकुश रखना ही (ब्रह्म प्राप्ति का) मार्ग है। ब्रह्म प्राप्ति का वह मार्ग शून्य संकेत (विष्णु आदि देव शक्तियों से रहित) नहीं है। समस्त जीवों पर ईश्वर की सत्ता है। सत्य और सिद्ध हुआ योग ही (संन्यासी का) मठ है। अमर पद (स्वर्ग) उस (ब्रह्म) का स्वरुप नहीं है। आदि ब्रह्म से स्व की एकरूपता ही ज्ञान है। उक्तभाव (सोऽहं) का अजपा जप ही गायत्री है। विकारों के ऊपर नियंत्रण पाना ही ध्येय है।। 25 - 36 ।।

कुम्भक का अभ्यास करते हुए स्वामि बालेंदु गिरि जी महाराज

कुण्डिलिनी आसन करते हुए स्वामि बालेंदु गिरि जी महाराज

विधिवत प्राणायाम - सभी प्रकार के रोगों से मुक्ति देता है

यह वह प्राणायाम है जो नाड़ीशोधन पूर्ण होने के बाद किया जाता है। इसी को तीन साल तक करने पर समाधी लगने के लक्षण शुरू हो जाते हैं। सामवेद की योगचूड़ामण्युपनिषद ने साफ़ कहा है - प्राणायाम से सभी रोगों का नाश होता है।

1) प्राणायामेन युक्तेन सर्वरोगक्षयो भवेत्।।116।। - (सामवेद की योगचुड़ामण्युपनिषद)

2) प्राणायामेन युक्तेन सर्वरोगक्षयो भवेत्।।18।। - (गोरक्ष संहिता)

3) प्राणायामादियुक्तेन सर्वरोगक्षयो भवेत्।।16।। - (हठयोग प्रदीपिका)

ऊपर का आधा श्लोक यह कहता है कि यदि साधक प्राणायाम को वेदों के कहे अनुसार करता है अर्थात युक्ति-युक्त करता है तो वह सभी प्रकार के (मानसिक व शारीरिक) रोगों से मुक्ति पाता है।

www.ingramcontent.com/pod-product-compliance
Lightning Source LLC
LaVergne TN
LVHW051135210926
848482LV00006B/320